Enrico Nitzsche

Krimi auf der ganzen Welt –
Die ganze Welt im Krimi

Eine komparatistische Auseinandersetzung
mit Krimis aus drei Kontinenten

Diplomica Verlag GmbH

Nitzsche, Enrico: Krimi auf der ganzen Welt – Die ganze Welt im Krimi: Eine komparatistische Auseinandersetzung mit Krimis aus drei Kontinenten.
Hamburg, Diplomica Verlag GmbH 2013

Buch-ISBN: 978-3-8428-8437-3
PDF-eBook-ISBN: 978-3-8428-3437-8
Druck/Herstellung: Diplomica® Verlag GmbH, Hamburg, 2013

Bibliografische Information der Deutschen Nationalbibliothek:
Die Deutsche Nationalbibliothek verzeichnet diese Publikation in der Deutschen Nationalbibliografie; detaillierte bibliografische Daten sind im Internet über http://dnb.d-nb.de abrufbar.

Das Werk einschließlich aller seiner Teile ist urheberrechtlich geschützt. Jede Verwertung außerhalb der Grenzen des Urheberrechtsgesetzes ist ohne Zustimmung des Verlages unzulässig und strafbar. Dies gilt insbesondere für Vervielfältigungen, Übersetzungen, Mikroverfilmungen und die Einspeicherung und Bearbeitung in elektronischen Systemen.

Die Wiedergabe von Gebrauchsnamen, Handelsnamen, Warenbezeichnungen usw. in diesem Werk berechtigt auch ohne besondere Kennzeichnung nicht zu der Annahme, dass solche Namen im Sinne der Warenzeichen- und Markenschutz-Gesetzgebung als frei zu betrachten wären und daher von jedermann benutzt werden dürften.

Die Informationen in diesem Werk wurden mit Sorgfalt erarbeitet. Dennoch können Fehler nicht vollständig ausgeschlossen werden und die Diplomica Verlag GmbH, die Autoren oder Übersetzer übernehmen keine juristische Verantwortung oder irgendeine Haftung für evtl. verbliebene fehlerhafte Angaben und deren Folgen.

Alle Rechte vorbehalten

© Diplomica Verlag GmbH
Hermannstal 119k, 22119 Hamburg
http://www.diplomica-verlag.de, Hamburg 2013
Printed in Germany

Inhaltsverzeichnis

1.)	**Einleitung**	**3**
2.)	**Kriminalliteratur – Eine terminologische Abgrenzung**	**5**
2.1.)	Der Detektiv-/ Kriminalroman	6
2.2.)	Der Thriller und die hard-boiled school	11
3.)	**Die Sprache als Spezifikum in der Kriminalliteratur**	**14**
4.)	**Raumtheorie**	**16**
4.1.)	Arten von Räumen	18
4.2.)	Der Raum in der Literatur	22
5.)	**Krimi international am Beispiel ausgewählter Literatur**	**24**
5.1.) Europa		26
5.1.1.)	Deutschland am Beispiel von Andrea Maria Schenkels *Kalteis*	31
5.1.2.)	*Kalteis*: Der ländliche Großstadtkrimi	34
5.1.3.)	Griechenland am Beispiel von Petros Markaris' *Hellas Channel*	38
5.1.4.)	*Hellas Channel:* Locked Room Athen	42
5.2.) Lateinamerika		46
5.2.1.)	Mexiko am Beispiel von Paco Ignacio Taibos II *Unbequeme Tote*	49
5.2.2.)	*Unbequeme Tote*: Erinnerungsraum und das Monstrum Mexiko-Stadt	57
5.3.) Afrika		63
5.3.1.)	Ghana am Beispiel von Nii Parkes' *Die Spur des Bienenfressers*	66
5.3.2.)	*Die Spur des Bienenfressers*: Öffentlicher und privater Raum	72
5.3.3.)	Südafrika am Beispiel von Roger Smiths *Kap der Finsternis*	76
5.3.4.)	*Kap der Finsternis*: Der glatte Raum im gekerbten Kapstadt	82
6.)	**Fazit**	**88**
7.)	**Literaturverzeichnis**	**91**

„Andere Länder haben nicht nur
andere Sitten."

Ulrike Leonhardt

1. Einleitung

„Kachelmann-Krimi – Er muss erstmal in U-Haft bleiben"[1], „Der Banken-Krimi"[2], „Berner AKW Abstimmungs-Krimi: Wie ist das nur möglich?"[3], „Gladbach gewinnt Elfer-Krimi: Torwart Heimeroth ist der Held"[4], „Happy End für Wladimir Klitschkos Boxkrimi"[5], „Flug AF 447: Die Wahrheitssuche wird zum Krimi"[6].

Die hier aufgeführten Überschriften aus Online-Zeitungsartikeln haben alle etwas gemeinsam: Sie beinhalten den Terminus Krimi[7]. Was besonders auffällt, ist, dass die Kontexte größtenteils krimiuntypisch sind und der Grund des Wortgebrauchs nicht ganz ersichtlich wird. Liegt es daran, dass das Deutsche über keinen äquivalenten Ausdruck verfügt, der das wiedergibt, was den Krimi auszeichnet, ohne den Terminus des literarischen Genres verwenden – wenn nicht sogar missbrauchen – zu müssen? Wahrscheinlich ist es so. Möglich ist aber auch, dass der literarische Krimi sich heutzutage einer solchen Beliebtheit erfreut, dass sogar die Medien nicht mehr ohne ihn auskommen. Waren Elfmeterschießen früher Dramen, Boxkämpfe Spektakel, Abstimmungen spannend, Flugzeugabstürze Tragödien und Justizfälle einfach nur Justizfälle, so wird aus alledem heute ein Krimi gemacht. Dabei läuft der Krimi jedoch Gefahr, zum Opfer seines inflationären Gebrauchs zu werden. Seine eigentliche Bedeutung beginnt zu verschwimmen, sodass er irgendwann im Sumpf der Alltags- und Umgangssprache versinken könnte und er als literarische Gattung kaum mehr wahr- bzw. ernst genommen werden kann.

---

[1] http://www.express.de/news/promi-show/er-muss-erstmal-in-u-haft-bleiben/-/2186/3579978/-/index.html (Stand: 28.08.2011)
[2] http://www.zeit.de/online/2009/31/hre-banken-finanzindustrie (Stand: 03.06.2011)
[3] http://www.ee-news.ch/de/article/21395/berner-akw-abstimmungs-krimi-wie-ist-das-nur-moeglich (Stand: 28.08.2011)
[4] http://www.rp-online.de/sport/fussball/dfb-pokal/Torwart-Heimeroth-ist-der-Held_aid_923741.html (Stand: 28.08.2011)
[5] http://www.baltische-rundschau.eu/2010/08/08/happy-end-fur-wladimir-klitschkos-boxkrimi/ (Stand:28.08.2011)
[6] http://bazonline.ch/ausland/europa/Flug-AF-447-Die-Wahrheitssuche-wird-zum-Krimi/story/16029284 (Stand: 28.08.2011)
[7] Wird in der hier vorliegenden Studie von Krimi gesprochen, so ist der Oberbegriff für das gesamte Genre der Kriminal- und Verbrechensliteratur gemeint. Eine genaue terminologische Abgrenzung wird noch erfolgen.

Bei Literaturwissenschaftlern genießt dieses Genre hingegen aktuell noch deutlich weniger Ansehen als in den Medien und bei den Lesern. Wurde es in seinen Anfängen sogar noch als „außerliterarische Literaturgattung"[8] angesehen, hat es in der Zwischenzeit zumindest den Schritt zur literarischen Anerkennung geschafft, wenngleich oftmals sehr negativ betrachtet. Damit steht die Beurteilung des Kriminalromans durch die Literaturkritiker – zumindest in Deutschland – konträr zu seiner Popularität.[9] Doch auch bei seinen Kritikern gewinnt der Krimi stetig mehr Ansehen, auch wenn er es bislang nicht gänzlich schafft, den Mantel der Trivial- und bloßen Unterhaltungsliteratur abzustreifen. Dabei gibt es keinen Grund, ihn derart stiefmütterlich zu behandeln. Schließlich weist der Krimi-Autor nicht weniger handwerkliches Geschick auf als seine Sozialdramen oder Lyrik verfassenden Kollegen.

Die eingangs gezeigten Beispiele illustrieren über die Verwendung desselben Begriffs hinaus, dass es Ereignisse auf der ganzen Welt gibt, die als Krimi bezeichnet werden können. Auch das literarische Genre kommt weltweit vor. Weder Länder- noch Kontinentalgrenzen konnten seine Entstehung verhindern. Warum auch? Schließlich zeigen doch erst die kulturellen und räumlichen Unterschiede auf, wie vielseitig und variabel der Krimi sein kann. Daher soll der Fokus dieser Studie neben der krimitheoretischen Analyse vor allem auf den raumtheoretischen Annahmen liegen. Neben Europa, der Wiege des Krimis, sollen Lateinamerika und Afrika den Titel dieses Buches rechtfertigen. An ausgewählten Beispielen aus diesen drei Kontinenten soll aufgezeigt werden, welche Unterschiede sich auf Grund der räumlichen Disparitäten ergeben können, aber auch, welche Gemeinsamkeiten die Krimis dennoch aufweisen. Mit Hilfe der Raumtheorie soll untersucht werden, welchen Einfluss und welche Bedeutung die dargestellten Räume auf die Krimis haben. Die Untersuchung des Raumes muss konsequenterweise einhergehen mit der Berücksichtigung kultureller wie auch sozialpolitischer Faktoren. Schließlich zeigen die kulturellen und politischen Strukturen in den meisten afrikanischen Ländern evidente Differenzen zu europäischen Verhältnissen auf. Die Krimis, auf die im Rahmen meiner Untersuchungen hauptsächlich eingegangen wird, sind Andrea Maria Schenkels *Kalteis* (Deutschland) und Petros Markaris' *Hellas Channel* (Griechenland) als europäische Vertreter, Paco Ignacio Taibos *Unbequeme Tote* (Mexiko) als lateinamerikanischer Vertreter sowie Nii Parkes'

---

[8] Jochen Vogt: *Der Kriminalroman I*. Zur Theorie und Geschichte einer Gattung. Wilhelm Fink Verlag. München, 1971. Der Vorbemerkung entnommen.
[9] Vgl. Peter Nusser: *Der Kriminalroman*. 2., überarbeitete und erweiterte Auflage. Verlag J.B. Metzler. Stuttgart/ Weimar, 1992. S.10.

Die Spur des Bienenfressers (Ghana) und Roger Smiths *Kap der Finsternis* (Südafrika) als afrikanische Vertreter.

Dass räumliche und kulturelle Differenzen in unterschiedlichen Ländern und auf verschiedenen Kontinenten vorhanden sind, steht außer Frage. Welchen Einfluss diese jedoch auf die Wirkungsweise eines Krimis haben, möchte ich untersuchen.

Um der Untersuchung jedoch eine Basis zu verleihen, soll zunächst die Krimitheorie angeschnitten werden. Das erscheint mir essentiell in der Betrachtung des Themas. Hierbei soll vor allem die Unterscheidung des „klassischen" Kriminalromans und des Thrillers voneinander vorgenommen werden. Da der Krimi vor allem aber auch von seiner spezifischen Sprache lebt, die sämtliche Fachtermini der Justiz- und Polizeiarbeit einschließt, soll diese ebenso in einem kurzen Überblick analysiert werden. Anschließend möchte ich übergehen zur Raumtheorie, in der ein Abriss der Erforschungsgeschichte des Raumes gegeben werden soll. Ebenso wichtig ist es, zunächst einmal zu verstehen, was ein Raum überhaupt ist und welche Arten von Räumen es gibt. Abschließend zur Raumtheorie möchte ich wieder die Brücke zur Literaturwissenschaft schlagen, denn es soll ein Verständnis dafür vermittelt werden, welche Funktionen Räume in der Literatur haben können. Schließlich, im Hauptteil der Studie, untersuche ich jeweils die Spezifika und die Historie der Kriminalliteratur in Europa, Lateinamerika und Afrika und gehe hierbei speziell auf die Länder ein, die den von mir ausgewählten Krimis als Handlungsorte dienen. Im Fokus der Analyse stehen hierbei stets der Raum und dessen Funktion für die einzelnen Krimis.

2. Kriminalliteratur – Eine terminologische Abgrenzung

Kriminalroman, Detektivroman, Thriller, Verbrechensliteratur sowie all jene Kriminalgeschichten im Novellen- oder Erzählungsformat gehören zum großen und weit gefassten Genre der Kriminalliteratur.[10] Damit deutlich wird, welches Verständnis der einzelnen Begriffen in diesem Buch vorliegt, soll dieses Kapitel sich mit der definitorischen Abgrenzung dieser Termini bzw. auch mit den Abgrenzungsschwierigkeiten befassen. Vorweg sei gesagt, dass die Verbrechensliteratur sowie Novellen und Erzählungen nur äußerst rudimentär behandelt werden, da sie für den Verlauf der Untersuchung keine große Rolle spielen, jedoch meines Erachtens zu einem umfassenden Verständnis des Oberbegriffs

---

[10] Selbstverständlich ist dies keine Auflistung von Arten der Kriminalliteratur, die den Anspruch auf Vollständigkeit erhebt. Alle anderen Spielarten dieses Genres, z.B. romantic thriller oder Schauerroman werden als zugehörig zu einem der aufgezählten Termini gesehen.

Kriminalliteratur gehören. Daher wird in diesem Kapitel zunächst der Detektiv- bzw. Kriminalroman betrachtet und in einem zweiten Schritt schließlich der Thriller und die Entwicklung der hard-boiled school. Die Trennung in diese zwei Gruppen ist sinnvoll, da hier vor allem strukturelle Unterschiede vorliegen. Die Verbrechensliteratur wird auf Grund der strukturellen Ähnlichkeit demnach kurz im Abschnitt des Kriminalromans erläutert.

Als Oberbegriff hat sich, wie bereits erwähnt, der Terminus Kriminalliteratur durchgesetzt. Krimi-Experte und Literaturwissenschaftler Jochen Vogt erachtet dies zwar als „diskussionswürdig", doch teile ich diese Meinung nicht ganz. Betrachtet man die Etymologie des Wortbestandteils *Kriminal*, so erkennt man das lateinische *crimen*, was Verbrechen bzw. Anklage bedeutet. Demnach hieße der Oberbegriff übersetzt Verbrechensliteratur, was den Inhalt des Genres durchaus ideal wiedergibt. Doch kommen Jochen Vogts Einwände sicherlich daher, dass das Genre Kriminalliteratur mit dem Subgenre Verbrechensliteratur terminologisch eigentlich identisch ist.[11] Das ist durchaus ein Problem, jedoch aus meiner Sicht kein großes. Schließlich ist man dem aus dem Weg gegangen, indem man sich auf den lateinischen Ursprung des Wortes besonnen hat und so eine Verwechslung nahezu ausgeschlossen ist.

Kriminalliteratur ist also Literatur, die sich mit einem oder mehreren Verbrechen befasst und kann zudem in zwei Gruppen gegliedert werden, die im Folgenden genauer untersucht werden.

2.1. Der Detektiv-/ Kriminalroman

Detektivroman und Kriminalroman werden in der Literatur, etwa bei Jochen Vogt oder Peter Nusser, häufig synonym verwendet. In diesem Buch wird bei diesen beiden Begrifflichkeiten von einer relativen Synonymität ausgegangen. Daher gibt es die Möglichkeit, beide Termini voneinander abzugrenzen, erforderlich ist es jedoch häufig nicht. Richard Alewyn sieht als unterscheidendes Merkmal vor allem die Form an. Für ihn ist der gravierendste Unterschied die Erzählweise. Demnach weist er dem Kriminalroman ein progressi-

---

[11] Auf Nachfrage teilt Jochen Vogt mit, dass er derartige Definitions-Diskussionen generell als müßig erachtet. Das sei vor allem ein Symptom dafür, dass ein neuer Gegenstand da ist, mit dem die Literaturwissenschaftler ihre Mühe haben. Gerade für heutige Fragestellungen seien diese Debatten nicht mehr besonders hilfreich, da Kriminalliteratur als ein „System" verstanden werden müsse, das sich dynamisch weiterentwickle und ausdifferenziere. Vogt geht hierbei davon aus, dass Fission und Fusion eine Rolle spielen, da sich die Kriminalliteratur auf der einen Seite in spezielle Typen aufspaltet und auf der anderen Seite mit anderen Genres verbindet.

ves und dem Detektivroman ein rückläufiges Erzählen zu.[12] Das heißt, dass Alewyn von einem Kriminalroman erwartet, dass das Geschehen parallel zur Erzählung läuft, während der Detektivroman da beginnt, wo der Kriminalroman aufgehört hat und endet, wo der Kriminalroman begonnen hat. Aus meiner Sicht liegt hier einfach ein Unterschied in der Verwendung von Begriffen vor. Denn Alewyns Erklärung zum Detektivroman kann zweifelsohne zugestimmt werden. Jedoch ist das, was er als Kriminalroman bezeichnet eher ein Thriller als ein Kriminalroman. Derart soll zumindest in dieser Studie die definitorische Abgrenzung erfolgen. Zum Thriller jedoch wird es noch nähere Erläuterungen im hierauf folgenden Kapitel geben.

Gehen wir also davon aus, dass Alewyns Erklärung eines Detektivromans in dieser Untersuchung auch einen Kriminalroman ausmacht. De facto bedeutet dies, dass am Anfang eine Leiche gefunden wird. Ihre Identität sowie die Umstände ihres Todes werden ermittelt. In der Regel stellt sich heraus, dass es Mord gewesen ist, woraufhin die Suche nach dem Mörder beginnt. Während dieser Verfolgung gerät der Täter fast ausschließlich immer so sehr unter Druck, dass ein weiterer Mord – geplant oder ungeplant – geschieht. Es erfolgen Befragungen, Razzien und Nachforschungen. Die Frage nach dem Motiv muss für jeden Verdächtigen gestellt und herausgefunden sowie dessen Alibi überprüft werden. Am Ende eines jeden Kriminal- bzw. Detektivromans steht schließlich die Überführung des Täters respektive der Täter. Für den Leser gibt es schließlich noch einmal eine retrospektive Erläuterung des Tat- und Ermittlungshergangs mitsamt allen Motiven des Täters. Somit wird ein Puzzle zu einem Gesamtbild zusammengesetzt, weshalb man den Detektivroman auch als analytisch[13] bezeichnen kann.

Da ich eingangs dieses Kapitels von einer relativen Synonymität der Termini Kriminalroman und Detektivroman sprach, muss es zumindest ein Kriterium geben, worin ich einen Unterschied zwischen diesen beiden festmache. Dieses ist bereits im vorangegangenen Absatz zu finden. Nämlich bei der Ermittlung des Mordes und der Suche nach dem Täter. Der Detektivroman kann seinem Namen nach nicht ohne einen Detektiv auskommen, bzw. wenn man es nicht wörtlich nimmt, kann dies auch die Polizei sein.[14] Der Kriminalroman hingegen kann durchaus auch auf einen figurativen Ermittler verzichten. Das kommt zwar nicht allzu häufig vor, aber die Möglichkeit dazu gibt es durchaus. Für die vorliegende

---

[12] Vgl. Richard Alewyn: Anatomie des Detektivromans. In: Jochen Vogt: *Der Kriminalroman. Poetik, Theorie, Geschichte*. Wilhelm Fink Verlag. München, 1998. S.53.
[13] Analytisch im erzähltechnischen und nicht etwa im psychologischen Sinn.
[14] Dem Duden nach ist der Detektiv (lat. detegere: aufdecken, enthüllen) eine Person, die Ermittlungen anstellt und Informationen über die geschäftlichen und persönlichen Angelegenheiten anderer beschafft, kann aber auch Geheimpolizist oder ein Ermittlungsbeamter der Kriminalpolizei sein.
(http://www.duden.de/rechtschreibung/Detektiv; Stand: 28.08.2011)

Untersuchung relevant ist dahingehend vor allem Andrea Maria Schenkel. *Kalteis* kommt bei ihr ohne klassischen Ermittler aus und wird lediglich durch ein Stückwerk aus Zeugenaussagen und dem Vernehmungsprotokoll des Täters zusammengehalten. In diesem Fall steht der Leser als einziger „Ermittler" allein da. Dass der Täter in *Kalteis* bereits von Anfang an feststeht, erachte ich jedoch lediglich als Ausnahme von der Regel und nicht als weiteres Merkmal von Kriminalromanen, wenngleich ein solcher Fall in einem typischen Detektivroman nahezu auszuschließen ist. Betrachtet man nun das Fehlen des Ermittlers als eine Option, die für den Kriminalroman zur Verfügung steht, so ist es durchaus legitim, Kriminalroman und Detektivroman synonym zu verwenden, da alle weiteren Merkmale nahezu identisch sind.

Diese Merkmale, auf die ich mich beziehe, sind vor allem inhaltlicher und struktureller Natur. Da die Eigenschaften und Regeln eines Kriminalromans so umfassend sind, dass sie allein bereits ein ganzes Buch füllen könnten, soll an dieser Stelle lediglich auf die elementaren Merkmale eingegangen werden.

Inhaltlich lässt sich das manifestieren, was zum Ablauf eines Detektivromans nach Alewyn bereits geschildert wurde. Lediglich die „Fragen nach dem Täter (who?), dem Tathergang (how?) und dem Motiv (why?) können unterschiedlich stark akzentuiert werden, wodurch verschiedene Ausprägungen des Detektivromans entstehen"[15]. Der Mord stellt in der Regel ein Rätsel dar, welchem sowohl der Ermittler als auch der Leser gegenüber steht. Besonders wichtig ist die gleiche Ausgangssituation, in der sich Ermittler und Leser befinden müssen, da der Leser miträtseln will und gegebenenfalls, wenn er so schlau wie der Ermittler ist, selbst auf die Lösung kommen kann.[16] Wohlwissend, dass es nahezu ausgeschlossen ist, dass der Leser dem Ermittler ebenbürtig ist, da einer der Anreize des Kriminalromans neben dem Mitdenken das „Vergnügen der Verblüffung"[17] bei der Auflösung durch den Detektiv ist. Natürlich ist dies auch eine der berühmten zwanzig Regeln für das Schreiben von Detektivgeschichten nach Van Dine. Doch gehe ich bewusst nicht allzu sehr auf diese ein, da viele (nicht alle!) dieser Regeln in der heutigen Kriminalliteratur keine Verbindlichkeit bzw. Gültigkeit mehr besitzen. Allein anhand der ausgewählten Literatur in dieser Studie lassen sich nämlich bereits zwölf der zwanzig Regeln widerlegen bzw. werden nicht eingehalten. Dennoch kann man nicht sagen, dass es keine Kriminalliteratur ist. Daher erachte ich einen Großteil Van Dines Annahmen als veraltet und überholt

---

[15] Nusser: *Kriminalroman* (wie Anm. 9). S. 26.
[16] Einen Sonderfall in diesem Buch, dieses Merkmal betreffend, stellt *Unbequeme Tote* von Paco Ignacio Taibo II dar. Hier ist der ich-erzählende Ermittler aus besonderen Gründen dem Leser gegenüber im Wissensvorteil. Doch darauf wird im Kapitel 5.2.1. noch näher eingegangen.
[17] Nusser: *Kriminalroman* (wie Anm. 9). S.33.

und sie treffen allenfalls auf klassische Detektivromane wie die von Agatha Christie und Arthur Conan Doyle zu.

Die Tat im Kriminalroman sollte idealerweise ein Mord sein.[18] Peter Nusser sieht den Grund dafür im Rätselhaften und Unwiderruflichen, die das „Faszinosum"[19] Tod mit sich bringt. Da der Mord vorhanden sein muss, sind neben dem Ermittler stets zwei weitere Figuren feste Bestandteile eines Krimis, nämlich der Täter und das Opfer. Der Täter hat das Opfer in der Regel vor dem Mord gekannt, weshalb persönliche Motive häufig eine Rolle spielen. Daher gibt es auch nur eine geschlossenen Gruppe von Figuren, die für den Mord in Frage kommen. Diese Geschlossenheit gilt aber idealerweise nicht nur für diese, sondern auch für den Tatort. Hierbei spricht man vom so genannten Locked Room. In diesem scheinbar geschlossenen Raum geschieht der Mord und dennoch hat es der Täter auf irgendeine Weise geschafft, sich aus diesem zu entfernen.[20] Das „Locked-Room-Mysterium"[21] existiert bereits seit Edgar Allan Poes *The Murders in the Rue Morgue*, erlebte aber einen wahren Höhepunkt in den Jahrzehnten, die dem Zweiten Weltkrieg vorausgingen, im „…Golden Age of detective fiction. It was the Golden Age of the impossible crime."[22] Die Aufklärung dessen, wie er es geschafft hat, gehört genauso zum Kriminalroman wie die Überführung des Täters. Der Grund dafür, dass jeder Mord am Ende immer wieder aufgelöst wird, liegt unter anderem in der komplizierten Konstruktion der Mordumstände begründet. Schließlich gibt es in der Regel Zeugen, die Auffälliges beobachtet haben, diverse Unregelmäßigkeiten, Mitwisser, Mordwerkzeuge sowie falsche Alibis, die letztlich dem Scharfsinn des Ermittlers nicht entgehen können.[23] Am Ende eines jeden Kriminalromans steht für gewöhnlich die Bestrafung des Täters, z. B. in Form einer Festnahme. Damit ist die Unordnung, die zwischenzeitlich durch den Mord entstanden ist und im Leser ein Unbehagen verursacht hat, wieder in Ordnung geraten, wodurch dem Leser ein Gefühl von Gerechtigkeit gegeben wird.

Damit ist auch schon der größte Unterschied zwischen Kriminalroman und Verbrechensliteratur aufgezeigt. In der Verbrechensliteratur steht die Klärung von Motivationen sowie innerer und äußerer Konflikte des Verbrechers im Vordergrund.[24] Sie gab es daher schon

---

[18] Richard Alewyn: Die Anfänge des Detektivromans. In: Viktor Žmegač: *Der wohltemperierte Mord. Zur Theorie und Geschichte des Detektivromans.* Athenäum Verlag. Frankfurt, 1971. S.187.
[19] Nusser: *Kriminalroman* (wie Anm. 9). S.28.
[20] Vgl. Michael Bengel: *Der verschlossene Raum. Zur Struktur und Funktion eines literarischen Motivs.* In: Praxis Deutsch. Heft 44. Krimi. Erhard Friedrich Verlag. Seelze, 1980. S.57.
[21] Armin Arnold/ Josef Schmidt: *Reclams Kriminalromanführer.* Reclam Verlag. Stuttgart, 1978. S.10.
[22] Robert Adey: *Locked Room Murders and Other Impossible Crimes.* Revised and Expanded Edition. Crossover Press. Minneapolis (USA), 1991. S.27.
[23] Vgl. Nusser: *Kriminalroman* (wie Anm. 9). S.27.
[24] Vgl. Nusser: *Kriminalroman* (wie Anm. 9), S. 1.

weit vor der eigentlichen Kriminalliteratur, die die Aufdeckung des Mordes durch den Menschen, dem viele Fragen und Rätsel vorangehen, zum Fokus hat. Ulrich Suerbaum erweitert diese Annahme über Verbrechensliteratur sogar noch und sagt über sie:

> „Mord will und wird immer herauskommen, weil Gott der Aufklärer und der Rächer ist, seine Ordnung durch Entdeckung der Schandtat wiederherstellt. Die eigentliche Aufgabe der Aufklärung und der Strafumsetzung ist damit dem Menschen entzogen. Er ist bei der Aufdeckung und Sühnung allenfalls Helfer und Vollstrecker."[25]

In der Verbrechensliteratur steht der Mensch also weder als Opfer, Täter oder Fragen stellender Ermittler im Fokus, sondern lediglich als ausführende Instanz für Gottes Willen. Demnach steht die Frage nach dem Ursprung und dem Sinn des Verbrechens im Mittelpunkt.[26]

Die Kriminalnovelle steht dem Roman im Grunde in nichts nach, außer in ihrer Länge.[27] Als Unterart der Erzählung ist sie vor allem durch ihre Prägnanz geprägt. Es gibt einen Konflikt zwischen Ordnung und Unordnung, was ein Mord sein kann, aber nicht sein muss. Eine straffe und lineare Handlung bringt schließlich die Ordnung am Ende wieder, bildet aber keinen Abschluss der Kriminalnovelle. Beispiele für Kriminalnovellen sind E.T.A Hoffmanns *Das Fräulein von Scuderi* oder auch Theodor Fontanes *Unterm Birnbaum*.

Die Kriminalerzählung ist vor allem mit dem Namen eines Schriftstellers eng verbunden: Friedrich Dürrenmatt. Gekennzeichnet ist sie durch die Opposition von Mensch und Welt. Der Detektiv versucht darin, die Gerechtigkeit in der Welt, deren Gleichgewicht empfindlich gestört ist, wieder herzustellen. Für ihn gibt es hierbei nur zwei Wege: entweder ist er erfolgreich und kehrt „aus diesem Kampf als Drachentöter" zurück oder er versagt.[28] Auch hierbei ist die aus dem Gleichgewicht geratene Welt oft einem Mord geschuldet. In der Regel ist die Kriminalerzählung kürzer als der Kriminalroman, welches aber kein ausschlaggebendes Kriterium ist. Wichtiger sind hier Inhalt und Struktur.

Damit sollte zunächst einmal eindeutig geklärt sein, was in der folgenden Untersuchung gemeint ist, wenn von Kriminalroman bzw. Detektivroman in Abgrenzung zur Verbre-

---

[25] Ulrich Suerbaum: *Krimi. Eine Analyse der Gattung*. Reclam. Stuttgart, 1984. S.31.
[26] Vgl. Nusser: *Kriminalroman* (wie Anm. 9). S. 1.
[27] Davon abgesehen, ist die Novelle, zusammen mit der Erzählung und der Kurzgeschichte, als Vorläufer des Romans zu betrachten.
[28] Vgl. Edgar Marsch: *Die Kriminalerzählung. Theorie, Geschichte, Analyse*. 2., durchgesehene und erweiterte Auflage. Winkler Verlag. München, 1983. S. 249.

chensliteratur und der Kriminalnovelle gesprochen wird. Eine weitere wichtige terminologische Abgrenzung soll im nächsten Kapitel erfolgen.

2.2. Der Thriller und die hard-boiled school

Wie bereits angesprochen, gab Richard Alewyn einige Hinweise darauf, was einen Thriller, nach dem Verständnis in diesem Buch, ausmacht, wies diese jedoch eher dem Kriminalroman zu. Er schreibt ihm eine progressive Erzählweise zu, was bedeutet, dass das Geschehen parallel zur Erzählung läuft. Daran soll in diesem Kapitel angeknüpft und die Klassifizierung noch weiter ausgebaut werden.

Der Thriller (engl. to thrill: mitreißen, in Spannung versetzen/ the thrill: Nervenkitzel, Schauer) hat seinen Ursprung in den 20er und 30er Jahren des zwanzigsten Jahrhunderts und hängt in seiner Entstehung vor allem mit den Namen zweier Autoren aus den Vereinigten Staaten zusammen, nämlich mit Raymond Chandler (*The Big Sleep*, 1939) und Dashiell Hammett (*The Maltese Falcon*, 1930).[29] Der Thriller, auch kriminalistischer Abenteuerroman genannt, als Subgenre der Kriminalliteratur ließe sich durchaus nochmals unterteilen in Heftromankrimi, Spionageroman und Kriminalroman der hard-boiled school.[30] Jedoch soll dies im weiteren Verlauf kaum eine Rolle spielen. Lediglich die letztgenannte Form soll in diesem Abschnitt weiter untersucht werden, weil sie die für den Thriller wichtigste ist und auch der unter 5.3.3. behandelte Roman *Kap der Finsternis* diesem Genre angehört und Eigenschaften der hard-boiled school aufweist.

Im Großen und Ganzen weist der Thriller natürlich Merkmale der Kriminalliteratur auf. Dazu gehören vor allem das Verbrechen, welches hier nicht zwingend ein Mord sein muss, idealerweise aber einer ist, die Fahndung sowie die Ergreifung bzw. Überführung des Täters am Ende. Der wohl bedeutendste Unterschied zum Kriminalroman ist das Übergewicht der Actionszenen gegenüber den analytischen Elementen[31], weshalb es auch nicht entscheidend ist, ob ein Mord, ein Raubüberfall oder sonstige Verbrechen geschehen sind. Wichtig ist nur, dass es spannende Verfolgungsjagden und andere Nerven aufreibende Elemente gibt. Als weitere elementare Differenz zum Kriminalroman erweist sich das Verbrechen per se: Während der Leser beim Krimi vor vollendete Tatsachen gestellt wird,

---

[29] Vgl. Jürgen-Wolfgang Goette/ Hartmut Kircher: *Kriminalgeschichten. Texte von E.A. Poe bis M. von der Grün*. 2. Auflage. Moritz Diesterweg Verlag. Frankfurt am Main, 1978. S. 4.
[30] Vgl. Nusser: *Kriminalroman* (wie Anm. 9). S.115-126.
[31] Vgl. Nusser: *Kriminalroman* (wie Anm. 9), S.53.

da der Mord bereits passiert ist, ist er beim Verbrechen im Thriller quasi hautnah dabei. Peter Nusser schreibt hierzu, dass es ein geplantes Verbrechen ist, dem der Leser beiwohnt.[32] Diese Aussage sollte man allerdings mit viel Vorsicht genießen, da das Verbrechen nicht zwangsläufig geplant sein muss. Richtiger ist hingegen, dass der Leser bei der Verbrechensausübung dabei ist und gegebenenfalls an dessen Vorlauf teilnimmt. Schließlich kann das begangene Verbrechen auch affektiv sein oder das Opfer rein zufällig ausgewählt worden sein. Das aber erfährt der Leser in jedem Fall im Vorlauf des Verbrechens. Damit ist der Mord im Thriller also keine Denksportaufgabe, die es zu lösen gilt wie im Detektivroman, sondern eher ein Ereignis, vor dem die Figuren sich schützen müssen. Spricht man also beim Detektivroman vom Faszinosum Tod, ist es beim Thriller eher das Faszinosum des Kampfes ums Überleben, das den Leser in den Bann zieht. Der Tod kann im Thriller auch deshalb nicht als Faszinosum gelten, weil er viel öfter vorkommt als im Detektivroman. Es kommt partiell geradezu zu einer Akkumulation an Morden, wodurch „das Verbrechen den Charakter des Außergewöhnlichen"[33] verliert.

Als weiterer wichtiger Aspekt ist hervorzuheben, dass, anders als im Kriminalroman, der Täter sein Opfer nicht kennen muss und es in der Regel auch nicht der Fall ist. Teilweise erfolgt die Wahl des Opfers sogar unwillkürlich.

Ein weiterer großer Unterschied zwischen Thriller und Kriminalroman bezieht sich auf den Schluss. Im Thriller ist es unnötig, nach der Überwältigung des Täters noch einmal die Vorgeschichte und die Beweisführung zu rekapitulieren, da der Leser bereits von Anfang an mit dem Täter und dessen Vorhaben und Gedanken vertraut gewesen ist.[34] Oftmals stellt die Überwältigung jedoch nicht wie im Kriminalroman die Gefangennahme des Täters dar, sondern eher dessen Tod, sei es freiwillig oder nicht.

Peter Nusser stellt noch eine weitere Abgrenzungsmöglichkeit dar. Seinen Worten nach ist der Thriller durch häufigen Perspektivwechsel gekennzeichnet, während im Kriminalroman eine einheitliche Figurenperspektive vorliegen soll. Dies kann allenfalls zutreffen, wenn vom klassischen Detektivroman die Rede ist, in dem der Detektiv zentral als intellektueller Übermensch den Leser an der Aufklärung des Falles beteiligt. Sprechen wir aber von einem Kriminalroman, wie er hier verstanden wird, trifft das nicht zwangsläufig zu. Speziell, wenn kein Ermittler oder mehrere Ermittler auftreten, ist der Perspektivwechsel im Kriminalroman ein beliebtes Mittel des Autors, um den Leser an der Aufklärung des Falles teilhaben zu lassen.

---

[32] Ebenda.
[33] Ebenda, S.54.
[34] Ebenda, S.56.

Als eine der wichtigsten Unterformen des Thrillers hat sich die hard-boiled school (engl. hard-boiled: abgebrüht, knallhart) erwiesen, da sie eine Vielfalt an Charakteristika aufweist. Das auffälligste Merkmal dieses von Hammett und Chandler geprägten Subgenres ist das Auftreten eines oder mehrerer tough guys.[35] Dieser tough guy ist in aller Regel einer der Täter. Wenngleich auch der Ermittler mit allen Wassern gewaschen ist und alles andere als zimperlich vorgeht. Er scheut sich auch nicht, so es ohne Zeugen bleibt, außerhalb der Gesetze zu agieren und baut oftmals einen persönlichen Hass gegenüber den Mördern auf. Gewalt, Folter und Tötung sind die herausstechenden Motive des „harten" Krimis, wie der Thriller der hard-boiled school in der Forschungsliteratur auch gern bezeichnet wird. Ein beliebtes Handlungsmilieu ist hierbei die Großstadt, die dem Täter mit all ihrer Anonymität möglichst lange Schutz gewährt, während in Detektivromanen eher das Ländliche oder die Kleinstadt als Tatort gewählt wird. Die näheren Funktionen bestimmter Orte und Räume sollen jedoch erst im weiteren Verlauf der Studie aufgezeigt werden und werden daher an dieser Stelle noch nicht weiter spezifiziert.

Grenzen kennt die hard-boiled school fast keine. Alle Arten der Qual können darin vorkommen. Nahezu jeder läuft Gefahr, umgebracht zu werden, auch Kinder. Wer zur falschen Zeit am falschen Ort ist, muss damit rechnen zum Opfer zu werden. Die Morde sind zudem für gewöhnlich sehr brutal und blutig gestaltet. Menschlichkeit und Mitleid sind hier eher nicht zu erwarten. Nicht zu vergessen ist dabei, dass die Sprache in der hard-boiled school eine nicht zu verachtende Rolle spielt. Vorwiegend fällt diese hier nämlich sehr derbe und deutlich aus. Sowohl auf Seiten der Bösen als auch bei den Guten wird kein Blatt vor den Mund genommen. Damit passt sich die Sprache dem gnadenlosen Verhalten der Figuren an und ist ein wichtiges Merkmal.

Das überharte und rohe Vorgehen sowie das Fehlen von Sozialität und Menschlichkeit weist darauf hin, was der Thriller der hard-boiled school hauptsächlich will. Er fungiert als Mittel zur Gesellschaftskritik.[36] Immer wieder tauchen in diesen Thrillern sozialkritische Aspekte auf und soziale Missstände werden aufgezeigt. Etwa in den „novels of violence"[37], die das von mafiösen Machenschaften gebeutelte Amerika der 20er und 30er Jahre kritisieren. Auch in *Kap der Finsternis*, welches zu einem späteren Zeitpunkt analysiert wird, ist Gesellschaftskritik nicht von der Hand zu weisen. Jedoch gibt es auch Autoren, deren primäres Ziel nicht oder nicht ausschließlich die Kritik an der Gesellschaft ist, sondern die

---

[35] Vgl. Suerbaum: *Krimi* (wie Anm. 25). S.127.
[36] Vgl. Goette/ Kircher: *Kriminalgeschichten* (wie Anm. 29). S. 5.
[37] Paul G. Buchloh/ Jens P. Becker: *Der Detektivroman*. 2., überarbeitete und ergänzte Auflage. Wissenschaftliche Buchgesellschaft. Darmstadt, 1978. S.102.

bloße Darstellung und Verherrlichung von Gewalt in all ihren Formen. Dies führte dazu, dass der Thriller heutzutage einen immensen Verlust seines Rufes zu beklagen hat und häufig als minderwertige Trashliteratur deklariert wird. Zwar ist das für die Nachahmer dieses eigentlich tadellosen Genres unumstritten die richtige Wertung, wird jedoch dem Thriller in seiner eigentlichen Form und in seinem eigentlichen Bestreben nicht gerecht.

Somit bleibt festzuhalten, dass Thriller und Kriminal- bzw. Detektivroman zwar durchaus Ähnlichkeiten in ihrem Grobgerüst aufweisen, jedoch strukturell und inhaltlich weitestgehend sehr stark differenziert sind.

3. Die Sprache als Spezifikum in der Kriminalliteratur

Mit der Entstehung dieses Genres hat sich eine für den Krimi ganz charakteristische Verwendung von spezifischen Termini herausgebildet. Diese entstammen vor allem dem Sprachgebrauch des Polizei- sowie des Justizwesens. Gemeint sind hierbei Bezeichnungen, wie sie sowohl innerhalb eines Krimis auftauchen als auch rund um das Genre der Kriminalliteratur, um bestimmte Sachverhalte oder Handlungen zu erklären. Sie sind notwendig für das Verständnis eines Krimis und dessen Analyse.

Einer dieser Termini, nämlich der Locked Room, wurde bereits im Kapitel zum Detektiv-/ Kriminalroman behandelt und erläutert und wird daher an dieser Stelle nicht weiter ausgeführt.

Der Locked Room gehört eher zu den Begrifflichkeiten, die so nicht wörtlich in einem Kriminalroman auftauchen und eher der Analyse dienen. Daher folgen zunächst noch weitere Ausdrücke, die diesem Zweck dienlich sind.

Da wäre zum einen das Fair Play. Dieses richtet sich hauptsächlich an den Autor eines Krimis. Man könnte sagen, dass der Leser es förmlich vom Autor einfordert. Es bedeutet, dass der Verfasser eines Krimis die Karten möglichst offen auf den Tisch zu legen hat. Er darf dem Leser keine Informationen vorenthalten, die der Ermittler bereits besitzt. Doch gleichzeitig muss das Rätsel möglichst lange spannend und unlösbar sein, welches eine große Herausforderung für den Autor darstellt. Um das einzuhalten, stehen dem Krimi-Autor jedoch zwei Möglichkeiten der Verschleierung zur Verfügung, die nach Ulrike Leonhardt dennoch keine Verletzung des Fair Plays darstellen.[38] Dazu gehört auf der einen

---

[38] Vgl. Ulrike Leonhardt: *Mord ist ihr Beruf. Eine Geschichte des Kriminalromans.* C.H. Beck Verlag. München, 1990. S.154.

Seite das plötzliche Schweigen des Detektivs in den entscheidenden Momenten der Ermittlungen. Er teilt seine Wissensvorsprünge und Schlussfolgerungen an dieser Stelle weder seinem Helfer noch dem Leser mit. Laut Leonhardt kann der Autor den Detektiv dafür gute Gründe haben lassen: „Da gibt es etwa den gewissenhaften Detektiv, der sich seiner Sache nicht sicher genug ist […]. Da gibt es den Mißtrauischen, der die treuherzige Naivität seines Watson für verräterisch hält. Da gibt es den selbstlosen Helden, der keinen anderen […] in Gefahr bringen will. Und da gibt es den Wortkargen, der auch ohne besonderen Anlaß schweigt."[39]

Auf der anderen Seite gibt es als Möglichkeit der Verschleierung noch – und damit kommen wir zum nächsten Terminus der Kriminalliteratur – das Legen von so genannten Red Herrings (engl.: falsche Fährte). Über die Etymologie dieser Redewendung gibt es verschiedene Annahmen. In der Kriminalliteratur bezeichnet sie jedenfalls ein Ablenkungsmanöver, mit dem der Autor den Leser auf eine falsche Spur schicken will, damit dieser den Fall nicht so schnell lösen kann wie der Ermittler. Der Ermittler hingegen löst in der Regel am Ende auf, weshalb er dem Red Herring nicht gefolgt ist und ihn direkt als falsche Spur erkannt hat. Damit zeigt er dem Leser wiederum seine hoch entwickelte Aufmerksamkeitsgabe und seine Kombinationsfähigkeit.

Kommen wir als nächstes zu den Begrifflichkeiten, wie sie innerhalb eines Krimis wiederzufinden sind. Dazu gehört zunächst einmal die Tat. Diese ist, je nach Art des Krimis, ein Mord, ein (Raub-)Überfall, Erpressung oder ein sonstiges Verbrechen.

Bei der Ermittlung zum Tathergang und den Hintergründen sucht der Ermittler in aller Regel nach Indizien bzw. Clues zur Lösung des Falles. Indizien (von lat. indicare = anzeigen) sind verschiedenartige Hinweise, die den Ermittler und den Leser voranbringen sollen, jedoch im Einzelnen nicht zur Lösung führen. Lediglich die Gesamtheit aller Indizien kann einen Schluss zulassen. Indizien sind handfester als Vermutungen, besitzen jedoch keine Beweiskraft.

Hat der Ermittler bereits jemanden im Verdacht, stellt sich die Frage nach dem nächsten Begriff – dem Motiv (von lat. movere, motus = antreiben, anregen). Das Motiv bezeichnet den Antrieb, also den Grund bzw. die Ursache einer Tat. In der Regel besitzt ein Verbrecher ein Motiv, um eine kriminelle Handlung zu begehen, sei es Rache, Habgier, Ruhm, Eifersucht, Mordlust, Armut etc. Doch hat eine Figur im Krimi ein Motiv für eine Tat, so bedeutet es noch lange nicht, dass sie sie begangen hat.

---

[39] Ebenda.

Gerade dann, wenn ein Alibi (von lat. alibi = anderswo) vorliegt, wird ein Motiv in aller Regel entkräftet. Ein Alibi ist ein für den Ermittler nachweisbarer Grund einer der verdächtigen Figuren, weshalb sie das Verbrechen nicht begangen haben können. Der Verdächtige hat demnach einen Zeugen oder anderen Nachweis, der belegt, dass er zur Tatzeit nicht am Tatort gewesen sein kann. Das Alibi ist eine beliebte Möglichkeit für den Autor eine falsche Spur zu legen. Denn ein Täter wird sich wohl nur selten freiwillig ergeben. So lässt der Autor ihn gern ein falsches Alibi angeben, wodurch der Leser diesen Verdächtigen schnell aus den Augen verlieren kann, solange der Ermittler als Vertreter für den Leser im Roman dieses falsche Alibi nicht aufdeckt und Ungereimtheiten zu Tage fördert.

Abschließend soll an dieser Stelle noch der Terminus Tatort genannt sein. An diesem Ort findet das Verbrechen statt und kann unwillkürlich, aber auch willkürlich vom Täter gewählt sein. Letztlich spielt der Tatort jedoch weniger für den Täter, als vielmehr für den Ermittler bei der Suche nach Spuren eine Rolle. Im Grunde kann jeder Ort und jeder Raum auf der Welt zum Tatort werden.

4. Raumtheorie

Die konzeptuelle Auseinandersetzung mit dem Raum reicht historisch bis zum „Beginn der westlichen Philosophie zurück"[40]. Den Beginn der Neuzeit, auch in Hinsicht auf die Erforschung des Raumes, läutete René Descartes ein. Wie seine Vorgänger geht auch er von der Unmöglichkeit eines leeren Raumes[41] aus und betrachtet den Raum als „substanzielles Kontinuum".[42] Das Neue dabei war, dass er eine Zweiteilung der Welt als Grundlage sieht. Er unterscheidet zwischen res extensa und res cogitans.[43] Res extensa meint dabei die äußere Welt der materiellen Dinge, während res cogitans die innere Welt des Denkens bezeichnet. Den von Körpern eingenommenen Raum bezeichnet Descartes bereits als Volumen, weshalb die Definition von Raum nach heutigem Verständnis klar sein dürfte. Doch bietet Descartes bereits ebenso die Grundlagen für Isaac Newtons neue Begriffsbestimmung von Raum. Hierbei stellt der Ort einen wichtigen Faktor dar. Dieser stellt nicht mehr, wie zuvor angenommen, die bloße Natur des Raumes dar, sondern er kennzeichnet

---

[40] Jörg Dünne/ Stephan Günzel: *Raumtheorie. Grundlagentexte aus Philosophie und Kulturwissenschaften.* Erste Auflage. Suhrkamp Verlag. Frankfurt am Main, 2006. S.19.
[41] Der Raum kann nicht leer sein, weil Descartes Gott als größte Substanz überhaupt in seine Annahme mit hineinbringt. Demnach kann die Natur als Bestandteil Gottes nicht leer sein.
[42] Dünne/ Günzel (wie Anm. 40), S.22.
[43] Dünne/ Günzel (wie Anm. 40), S.22.

den Teil des Raumes, den der Körper einnimmt und dient vor allem zur Bestimmung von Ortswechseln.[44] Newton übernimmt zwar weitestgehend die Bestimmung von Ort und Raum, teilt den Raum jedoch noch einmal auf.

Dies soll an dieser Stelle allerdings nicht weiter skizziert werden, da lediglich aus dem kurzen geschichtlichen Abriss vom Beginn der Neuzeit an hervorgehen soll, dass Raum und Ort erstens nicht dasselbe sind und zweitens vor allem philosophische Komponenten darstellen, weshalb das Verständnis dieser sowie die Übertragung auf die Literatur teilweise relativ schwierig ist.

Raum ist im heutigen Verständnis als Erfahrungskomplex zu begreifen, als physikalischer Rahmen[45], in dem (Denk-) Prozesse und Bewegungen existieren. Kurz gesagt: Der Raum ist ein Konstrukt, das aus beweglichen Elementen besteht, gekennzeichnet durch „Richtungsvektoren, Geschwindigkeitsgrößen und die Variabilität der Zeit"[46]. Der Ort, vor allem auch nach Michel de Certeau, ist die „Ordnung (egal, welcher Art), nach der Elemente in Koexistenzbeziehungen aufgeteilt werden"[47]. Er erfährt laut Certeau also eine relative Stabilität, da er eine momentane Konstellation von festen Punkten ist. Ebenso richtig erscheint mir zur Trennung von Ort und Raum die Differenzierung nach Hajo Kurzenberger, der feststellt, dass der Ort einen Platz bezeichnet, „der meist geographisch markiert ist, der unverwechselbar und nicht vergleichbar ist"[48]. Das erachte ich vor allem dahingehend als unerlässliche Differenz zum Raum, wenn nicht mehr nur vom physischen, sondern vom virtuellen Raum die Rede ist, der zweifelsohne nicht kartierbar bzw. geographisch verortbar ist. Raum – und damit korrespondiert Kurzenberger durchaus mit Freudenthal und Certeau – ist von Menschen gemacht und wird erst durch sie zu dem, was er ist. Bestätigt sehen kann man dies auch durch die Untersuchungen von Martina Löw, die sich vor allem mit der Raumsoziologie befasst. Auch Sigrid Weigel stellt fest, dass Raum nicht einfach gegeben ist – wie etwa der Ort – sondern erst durch den Menschen produziert wird.[49] Daraus geht hervor, dass Raum und Mensch untrennbar miteinander in Verbindung gebracht werden. Der Raum kann ohne den Menschen nicht existieren.

---

[44] Ebenda, S.23f.
[45] Vgl. Hans Freudenthal: *Raumtheorie*. Wissenschaftliche Buchgesellschaft. Darmstadt, 1978. S.1.
[46] Michel de Certeau: Praktiken im Raum. ›Räume‹ und ›Orte‹. In: Dünne/ Günzel: *Raumtheorie* (wie Anm. 40), S.345.
[47] Ebenda.
[48] Hajo Kurzenberger: Murnau, München, Wien – Ödön von Horváths dramatische und biographische Orte. In: Hans-Herbert Wintgens/ Gerard Oppermann: *Literarische Orte – Orte in der Literatur*. Hildesheimer Universitätsverlag. Hildesheim, 2005. S.205.
[49] Sigrid Weigel: Zum „topographical turn". Kartographie, Topographie und Raumkonzepte in den Kulturwissenschaften. In: Manfred Engel/ Bernard Dieterle/ Monika Ritzer: *KulturPoetik. Zeitschrift für kulturgeschichtliche Literaturwissenschaft*, 2. Vandenhoeck & Ruprecht. Göttingen, 2002. S.151.

Daher soll in diesem und den folgenden Kapiteln der Fokus auf den Raum gerichtet werden. Er ist für die ausgewählten Romane relevant, weil auch dort der Mensch den Raum erst gestaltet und sich daher hierzu komplexe Untersuchungen anstellen lassen. Im nun folgenden Kapitel wird sich jedoch schnell herausstellen, dass Raum nicht gleich Raum ist.

4.1. Arten von Räumen

Diesem Kapitel sei zunächst einmal vorweg zu nehmen, dass nur Raumkonzeptionen behandelt werden, die auch für den weiteren Verlauf der Untersuchung von Bedeutung sind. Es wird kein Anspruch auf die Vollständigkeit aller existierenden Raumkonzepte erhoben.

Der glatte und der gekerbte Raum

Bei dieser Abgrenzung beziehe ich mich hauptsächlich auf Gilles Deleuze und Félix Guattari. Sie haben die Theorie aufgestellt, dass es glatte und gekerbte Räume gibt. Dass beide Räume zusammen aufgeführt werden, hat den offensichtlichen Grund, dass es ein Gegensatzpaar ist und laut Deleuze/ Guattari auch beide ineinander übergehen können; dass die beiden Räume „nur wegen ihrer wechselseitigen Vermischung existieren: der glatte Raum wird unaufhörlich in einen gekerbten Raum übertragen […]; der gekerbte Raum wird ständig […] in einen glatten Raum zurückverwandelt"[50].

Das Glatte ist der Raum der Nomaden, während das Gekerbte der Raum der Sesshaften ist. Um das Konzept zu verstehen, sollte man vorab wissen, dass sowohl glatte als auch gekerbte Räume Punkte, Linien und Oberflächen besitzen. Im gekerbten Raum sind Punkte den Linien übergeordnet, was bedeutet, dass man von Punkt zu Punkt geht. Der glatte Raum ist hingegen gekennzeichnet durch eine Überordnung der Linie gegenüber den Punkten.[51] Beiden ist die Präsenz von Stillstand gemeinsam. Dieser wird jedoch im glatten Raum beständig unterbrochen, auf Grund der Gerichtetheit des Vektors[52]. Beim Gekerbten sprechen wir eher von einer Metrik oder Dimension, da nicht die Verbindung (durch einen direktionalen Vektor), sondern die Fläche den Raum bestimmt. Der glatte Raum ist ein

---

[50] Gilles Deleuze/ Félix Guattari: 1440 – Das Glatte und das Gekerbte. In: Dünne/ Günzel: *Raumtheorie* (wie Anm. 40), S.434.
[51] Vgl. Deleuze/ Guattari (wie Anm. 50), S.436.
[52] Laut Deleuze/ Guattari ist die Linie im Glatten eher ein Vektor, da die Bewegung dauerhaft gerichtet ist und angetrieben und verschoben bzw. geändert wird.

„Affekt-Raum"[53], während sein Gegenüber als Raum der Eigenschaften spezifiziert wird. Eine weitere wichtige Komponente stellt in diesem Konzept die Offenheit bzw. Geschlossenheit beider Räume dar. Während nämlich das Glatte als offen und ungeschützt gilt, weist das Gekerbte eine geschlossene Oberfläche auf und ist damit geschützter.[54] Daher weisen Deleuze und Guattari dem glatten Raum eine Beeinflussung durch Intensitäten, Winde und Geräusche zu, während das Gekerbte den Himmel als Maßstab hat und deshalb von „meßbaren visuellen Qualitäten überdeckt"[55] wird. Demnach verfügt das Glatte „über ein Deterritorialisierungsvermögen, das dem Gekerbten [mit seinem Territorialisierungsbestreben] überlegen ist"[56].

Klassischerweise werden für das Glatte das Meer, der Luftraum oder die Wüste als Beispiele herangezogen. Doch, wie bereits angesprochen, kommt es immer wieder zu Überlagerungsfällen; etwa durch die Entwicklung (neuer) technischer Messinstrumente und Karten, die den glatten Raum Meer beispielsweise stark einkerben durch die Aufteilung in Längen- und Breitengrade, den Punkt zur Positionsbestimmung oder die astronomische Navigation. Dadurch verliert es seinen rein vektorialen Charakter und erhält metrische Eigenschaften.

Für das Gekerbte wird in der Regel die Stadt bzw. das Land als Gegensatz zum Meer als Beispiel par excellence herangezogen. Doch auch in dieser typischen Kerbe zeigen sich bei näherer Betrachtung Glätten, die nur entstehen können, weil es die gekerbte Stadt gibt; weil die Stadt sie förmlich ausscheidet. Gemeint sind Elendsviertel, deren Bewohner wild umherziehen wie Nomaden, teils ohne feste Behausung, ohne messbare oder visuelle Qualitäten wie Geld oder Arbeit.[57]

Letztlich werden sich das Glatte und das Gekerbte immer vermischen. Man kann „geglättet in Städten wohnen, ein Stadt-Nomade sein"[58], aber auch eingekerbt in Wüsten oder Meeren. Möglich ist das, weil „die Unterschiede nicht objektiv sind"[59].

---

[53] Deleuze/ Guattari (wie Anm. 50), S.437.
[54] Ebenda.
[55] Ebenda, S.438.
[56] Ebenda, S.440.
[57] Vgl. Ebenda, S.441f.
[58] Deleuze/ Guattari (wie Anm. 50), S.442.
[59] Ebenda.

Semiotische Räume

Als semiotische Räume können jene verstanden werden, die „in irgendeiner Weise als *Gegenstand* zeichenhafter Darstellung gelten können"[60]. Dazu gehören neben Texten auch Medien jeglicher Art. Räume können hierbei in Form eines „abstrakten topologischen (‚oben-unten') oder eines konkreten topographischen Verhältnisses (z.B. Hauptstadt Paris vs. Provinz)"[61] vorkommen. Von besonderer Bedeutung bei der Untersuchung semiotischer Räume ist der Begriff der Heterotopie. Diese nimmt an, dass dargestellte Räume in eigener Weise gesellschaftliche Normen und Zustände wiedergeben, indem sie sie repräsentieren, bestreiten oder umkehren.[62] In der heutigen Zeit spielen diese heterotopen Orte eine immer größere Rolle in der Literatur. Speziell die Großstadt verdient hierbei wohl die größte Aufmerksamkeit, da sie besonders reich an Facetten ist. Doch nicht nur die Stadt für sich wird hierbei gern unter die Lupe genommen, sondern auch die Unterschiede zwischen Stadt und Land. Martina Löw sieht zwar auf Grund der Urbanisierung „die scharfen Stadt-Land-Differenzen nicht mehr"[63] als herausstechend an, doch ist es nicht von der Hand zu weisen, dass sie durchaus noch existieren und das sogar recht eindeutig. Sei es in der Verhaltensweise, dem Umgang miteinander, dem Verhältnis von Akzeptanz und Ignoranz oder sozialer (Un-)Gerechtigkeit. Dies wird vor allem noch einmal ersichtlich im Thriller *Kap der Finsternis*.

Der öffentliche und der private Raum

Das Private und das Öffentliche zu trennen, ist nicht immer ganz einfach. Es hängt davon ab, welche Grenze man wo ziehen möchte. Gerade in einer Zeit wie der heutigen, in der das vermeintlich Öffentliche als Privates deklariert wird, fällt eine Trennung sichtlich schwer. Das, was „wir heute Gesellschaft nennen, ist ein Familienkollektiv, das sich ökonomisch als eine gigantische Über-Familie versteht und dessen politische Organisationsform die Nation bildet".[64] Öffentlicher Raum hingegen wird häufig gleichgesetzt mit politischem oder politisch-geografischem Raum. Sieht man jedoch genauer hin, ist politischer Raum zugleich auch privater Raum. Schließlich bestimmt jeder Einzelne den politi-

---

[60] Jörg Dünne: Forschungsüberblick „Raumtheorie". In: Jörg Dünne/ Hermann Doetsch/ Roger Lüdeke: *Von Pilgerwegen, Schriftspuren und Blickpunkten. Raumpraktiken in medienhistorischer Perspektive.* Königshausen & Neumann. Würzburg, 2004. S.5.
[61] Ebenda, S.6.
[62] Vgl. Foucault, Michel: Andere Räume (1967), in: Karlheinz Barck: *Aisthesis: Wahrnehmung heute oder Perspektiven einer anderen Ästhetik; Essais.* 5., durchgesehene Auflage. Reclam. Leipzig, 1993, S.39.
[63] Martina Löw: *Einführung in die Stadt- und Raumsoziologie.* Verlag Barbara Budrich. Opladen & Bloomfield Hills, 2007. S.36.
[64] Hannah Arendt: Der Raum des Öffentlichen und der Bereich des Privaten. In: Dünne/ Günzel: *Raumtheorie* (wie Anm. 40), S.420.

schen Raum mit, wodurch dieser wiederum zur Angelegenheit des Privaten wird und sich beide Räume somit vermischen und von ihrer jeweiligen Bedeutung an Substanz verlieren. Doch, was ist dann privater Raum und was öffentlicher? Privater Raum hängt vor allem mit einem Begriff eng zusammen: Haushalt[65]. Hier zählt das Leben des Einzelnen mitsamt der Befriedigung aller Lebensnotwendigkeiten und menschlicher Bedürfnisse.[66] Im privaten Raum muss das Individuum nicht zwangsläufig allein sein. Vielmehr ist es sogar durch innere Antriebe dazu gezwungen, in einer Gemeinschaft mit einem oder mehreren weiteren Individuen zusammenzuleben. Wo jedoch die Grenze zum öffentlichen Raum verläuft, wenn es mehrere sind, ist schwierig zu sagen. Denn schon Hannah Arendts Behauptung, der private Charakter läge in der Abwesenheit von anderen, zeigt, dass privat nicht gleich privat ist. Gerade in der heutigen Zeit jedoch sei, so führt sie weiter aus, das Private dem Öffentlichen geopfert worden, sodass Menschen keine Rückzugsmöglichkeit mehr besitzen, wie es sie früher gab. Vier geschlossene Wände und ein Dach bedeuten eben nicht mehr zwangsläufig, dass ein privater Raum vorliegt. Internet, Telefon und andere Medien rauben dem privaten Raum seinen privaten Charakter.

Gleichsam wird das Öffentliche immer mehr vom privaten Raum durchtränkt, etwa durch die Geselligkeit, die von mobil telefonierenden Menschen gestört wird. Öffentlicher Raum gerät zu einem von privaten und egoistischen Einflüssen geprägten Raum, während privater Raum durch den gesteigerten Medienkonsum, aber auch Kontrollbestreben durch die Öffentlichkeit zunehmend öffentlichen Charakter erhält. Eine interessante These zur Abgrenzung von privatem und öffentlichem Raum stellt Gabriela Klug auf. Sie sagt, dass „der Innenraum zumeist emotional besetzt ist und den Schauplatz innerer Konflikte und Entwicklungen […] bildet, der Außenraum hingegen die Aktion im Öffentlichen darstellt und der äußeren Weiterentwicklung […] dient"[67]. Zwar bezieht sie sich konkret auf Romane im späten Mittelalter, doch können ihre Annahmen über öffentlichen und privaten Raum durchaus generalisiert verstanden werden. Das Private kann also als Raum der emotionalen Entladung gesehen werden, während das Öffentliche als funktionaler Raum dient. Ein Raum kann demnach nur schwerlich von seiner Funktionalität getrennt betrach-

---

[65] Diesem engen Zusammenhang zwischen privatem Raum und Haushalt laut Arendt kann eigentlich nur bedingt zugestimmt werden, da Haushalt in der Politik, also im öffentlichen Raum ebenso verwendet wird und somit kein eindeutiger Indikator privaten Raumes ist.
[66] Vgl. Arendt (wie Anm. 64), S.423.
[67] Gabriela Klug: Intimer und öffentlicher Raum in der Burg: Raumkonstruktion und Raumfunktionen in zwei deutschen Prosaromanen des späten Mittelalters. In: Klára Berzeviczy/ Zsuzsa Bognár/ Péter Lökös: *Gelebte Milieus und virtuelle Räume. Der Raum in der Literatur- und Kulturwissenschaft.* Frank & Timme Verlag für wissenschaftliche Literatur. Berlin, 2009. S.46.

tet werden. Diese Funktionalität, speziell in der Literatur- und Kulturwissenschaft, soll im nun folgenden Kapitel erörtert werden.

4.2. Der Raum in der Literatur

Raum und Literatur – zwei Komponenten, die spätestens seit Gotthold E. Lessings Schrift *Laokoon oder über die Grenzen der Mahlerey und Poesie* (1766) miteinander in Verbindung gebracht werden.[68] Zwar weist Lessing der Literatur ausschließlich eine zeitliche Ordnung der Dinge, der Malerei hingegen die räumliche Ordnung zu. Doch bildet dies die Basis für alle weiteren Untersuchungen in diese Richtung. Allerdings stellte sich relativ schnell heraus, dass Lessings Annahme nicht ganz der Wahrheit entspricht. Denn die Raumdarstellung hat neben der konkurrierenden Einheit der Zeit anschließend in der Literatur durchaus einen festen Platz gefunden. Wolfgang Hallet & Birgit Neumann konstatieren, dass Raum „in literarischen Texten nicht nur Ort der Handlung, sondern stets auch kultureller Bedeutungsträger" ist, in dem „räumliche Gegebenheiten […] und individuelle Erfahrungsweisen zusammenwirken"[69].

Spätestens seit dem Spatial Turn[70] Ende der 80er Jahre des zwanzigsten Jahrhunderts rückte der Raum, nachdem er zuvor aus geschichtlichen Gründen[71] fast in Vergessenheit geraten ist, wieder in den Fokus der Literaturwissenschaft. Der Spatial Turn sollte einen Paradigmenwechsel in der Behandlung des Raumes in der Literatur darstellen. Die Wende hin zum Raum und die damit verbundene Entstehung bzw. Entwicklung von Raumkonzepten ermöglichte eine völlig neue Möglichkeit der Herangehensweise an die Literatur, da sich komplett neue Perspektiven und Konzepte von Objekten wie Landschaften, Schauplätzen und Gegenständen erschlossen.

---

[68] Vgl. Sylvia Sasse: Literaturwissenschaft. In: Stephan Günzel: *Raumwissenschaften*. 1.Auflage. Suhrkamp Verlag. Frankfurt, 2009. S.225.
[69] Wolfgang Hallet & Birgit Neumann: *Raum und Bewegung in der Literatur*. Die Literaturwissenschaften und der Spatial Turn. Transcript Verlag. Bielefeld 2009. S.11.
[70] In der Literaturwissenschaft wird heftig darüber diskutiert, ob Spatial Turn eine passende Bezeichnung für diese vermeintliche „Wende" in der literarischen Beschäftigung mit der Raumdarstellung ist. Viele Forscher stimmen daher überein, dass die vor allem im englischen Sprachraum verwendeten Begriffe Topographical Turn und Topological Turn passender sind. Einige verwenden jedoch die Begriffe auch synonym bzw. kennzeichnen die beiden anderen als Unterformen des Spatial Turn. Dennoch hat sich der Spatial Turn als Kennzeichnung durchgesetzt und etabliert und soll auch an dieser Stelle der Untersuchung Verwendung finden.
[71] Die in der Nazizeit deklarierte und durchgeführte Erschließung „neuen Lebensraumes im Osten" führte dazu, dass die Beschäftigung mit dem Sujet des Raumes in der postnationalsozialistischen Zeit vor allem in Europa in Diskredit geriet.

Das hervorstechendste Merkmal dieser neuen Perspektive ist die wirklichkeitskonstruierende Kraft, die die Raumdarstellung in fiktionalen Texten besitzt.[72] Das heißt, dass die Darstellung von Raum in der Literatur eine Wirklichkeit evoziert, die jedoch in der Regel, auf Grund des fiktionalen Charakters von Erzähltexten, einer genauen Überprüfung ihres Wahrheitsgehalts nicht standhält. Realer Raum und Raumkonstrukt stehen hier in einem Konflikt miteinander. Der vom Autor geschaffene und von den Figuren gestaltete Raum soll realen Raum darstellen, was eigentlich widersprüchlich ist. Dennoch verleiht der Raum einer literarischen Erzählung durch seine scheinbare Wahrheitsgebung dem Text Authentizität. Als weitere mögliche Funktion von Raumdarstellung in der Literatur sei die Widerspiegelung menschlichen Verhaltens zu nennen.[73] Filinger behauptet mit dieser Annahme, dass der Raum als Metapher des Charakters zu verstehen sein kann. Der Lebensraum der Figuren einer Erzählung könne demnach auch die Ausbreitung ihrer selbst sein, eine Art Seelendarstellung. Somit ist der Raum, literarisch betrachtet, auch Stifter individueller und kollektiver Identität.[74] Nicht zuletzt sind erzählte Räume häufig auch Erinnerungsräume. Demnach bilden „räumliche Vorstellungen eine bedeutende Stütze für Erinnerungsprozesse"[75], was die Grundannahme der psychologischen Prozesse der Mnemotechnik darstellt:

> „Auf ähnliche Weise, wie die Elemente eines zu memorierenden Textes […] räumlich angeordnet werden, werden gemäß dieser Analogie nun auch die Verbindungen zwischen literarischen Texten […] räumlich gedacht. […] Diese Raummetaphorik von Intertextualität als literarischem Gedächtnis, durch das sich aus kultursemiotischer Sicht immer auch ein kulturelles Gedächtnis artikuliert […], gehört zu den einflussreichsten Konzeptualisierungen der literaturwissenschaftlichen Gedächtnisforschung."[76]

Fest steht, dass es keinen Raum in der Literatur gibt, der bedeutungslos ist. Auch bzw. erst recht nicht in der Kriminalliteratur. Hier ist vor allem der kartierte Raum von Bedeutung. Das heißt, man kann sich bei einem Krimi häufig eine Karte nehmen und die beschriebenen Orte nachvollziehen. Nirgendwo sonst in der Literatur findet man so viele Straßenzüge und Gebäude oder Namen von Landschaften wieder wie hier. Der Raum in der Kriminalliteratur „ist sogar ein besonders artifizielles Konstrukt, weil in ihm Ereignisse

---

[72] Vgl. Ansgar Nünning: *Formen und Funktionen literarischer Raumdarstellung: Grundlagen, Ansätze, narratologische Kategorien und neue Perspektiven.* In: Hallet/ Neumann (wie Anm. 69), S.33.
[73] Vgl. Margit Filinger: Der Raum als Metapher menschlichen Verhaltens. In: Berzeviczy/ Bognár/ Lőkös: *Gelebte Milieus* (wie Anm. 67), S.93.
[74] Vgl. Berzeviczy/ Bognár/ Lőkös: *Gelebte Milieus* (wie Anm. 67), S.13.
[75] Jan Rupp: *Erinnerungsräume in der Erzählliteratur.* In: Hallet/ Neumann (wie Anm. 69), S.181.
[76] Ebenda.

stattfinden sollen, die von den Routinen der Normalität abweichen"[77]. Auch hier ist das primäre Ziel die Herstellung eines „Realitätseffektes" („effet de réel" nach Roland Barthes). Steffen Richter sieht in der Beliebtheit und vor allem Urlaubskompatibilität dieses Genres auf Grund der Anbindung an spezifische Räume unter anderem sogar eine marketingstrategische Maßnahme der Tourismusindustrie.[78] Ähnliches ist auch bei Thomas Wörtche zu finden, zumindest andeutungsweise und ein wenig subtiler. Er stellt fest, dass viele der Global-Crime-Krimis von westlichen Marktstrategen für den westlichen Markt entworfen würden: „Die Form Krimi modelliert sich seinen Schauplatz nach ihrem Gusto. [...] Liest man einen Bangkok-Roman von John Burdett, dann ist dies [...] ein netter Polizei-Roman, der in einem Disneyland-Bangkok spielt, das sämtliche Assoziationen des TUI-Westlers gefällig bedient."[79]

Da der Raum im Kriminalroman aber noch ein viel größeres semantisches Potenzial besitzt, als der bloßen Authentifizierung des Geschehen zu dienen oder den Tourismus anzukurbeln, möchte ich ab dem folgenden Kapitel auf spezifische Räume in ausgewählter Literatur eingehen und deren Bedeutung untersuchen.

5. Krimi international am Beispiel ausgewählter Literatur

In diesem Kapitel soll die ausgewählte Literatur ausführlich analysiert werden. Dabei möchte ich zunächst jeweils erörtern, ob und welche Eigenheiten die Kriminalliteratur auf den drei ausgewählten Kontinenten kennzeichnen. Anschließend soll noch einmal für die einzelnen Länder analysiert werden, wie Krimis dort funktionieren und welche Eigenschaften sie aufweisen. Das soll dann an der ausgewählten Literatur aufgezeigt werden. Nachdem jeweils Inhalt und stilistische Merkmale untersucht worden sind, widme ich mich speziell der Darstellung von Raum in den Krimis und untersuche, welche Funktionen er für den jeweiligen Roman hat. Abschließend soll noch einmal in einem Fazit erkannt werden, welchen Einfluss die räumlichen und kulturellen Differenzen, bzw. gegebenenfalls auch Gemeinsamkeiten, auf die Kriminalromane und ihre Wirkung haben.

Thematisch einleitend zu diesem Kapitel möchte ich ein Zitat von Bertolt Brecht anführen: „Wie die Welt selber wird auch der Kriminalroman von den Engländern beherrscht.

---

[77] Steffen Richter: Verbrechen kartieren. Raummodelle des Kriminalromans. In: Peter Hanenberg et al.: *Kulturbau. Aufräumen, Ausräumen, Einräumen.* Peter Lang Verlag. Frankfurt/M. u. a., 2010. S.373.
[78] Ebenda.
[79] Thomas Wörtche: Global Crime – Krimi global. In: Klaus Michael Bogdal et al.: *Der Deutschunterricht.* Heft 2. Jahrgang 59/2007. Friedrich Verlag, 2007. S. 7.

[...] Die Amerikaner haben weit schwächere Schemata [...]. Ihre Morde geschehen am laufenden Band [...]. Gelegentlich sinken ihre Romane zum Thriller herunter."[80]

An dieser Aussage von Brecht erkennt man ganz deutlich, welche Entwicklung sich seit 1938, als er diese Festellung machte, vollzog. Abgesehen davon, dass sie die Welt nicht mehr beherrschen, sind es auch schon lange nicht mehr die Briten, die den Ton angeben in der Entwicklung und Veröffentlichung von Kriminalliteratur. Erstere Funktion meinen mittlerweile die Amerikaner erfüllen zu wollen und auch in puncto Kriminalliteratur haben sie ordentlich nachgelegt. Gerade der harte Krimi, oder auch Thriller, ist heute das Steckenpferd der amerikanischen Kriminalliteraturszene. Wenn ein solcher Thriller gut geschrieben ist, ist er keineswegs minderwertiger als ein Detektivroman, wie Brecht den Thriller ein wenig diffamiert.

Doch nicht nur der englischsprachige Raum kann heutzutage gute Krimis veröffentlichen oder wie Jochen Vogt es treffend resümiert: „Inzwischen ist die *Internationalisierung des Kriminalromans* unter den Aspekten von Produktion, Verbreitung und Rezeption unübersehbar und unaufhaltsam."[81] Vor allem Italien und Schweden sind neben den USA derzeit die Vorreiter in diesem Genre, was die internationale Verbreitung anbelangt. Doch gerade deshalb sollen diese Nationen keine allzu große Bedeutung für meine weiteren Untersuchungen haben. Dieses Feld ist ausreichend erforscht und bedarf kaum noch weiterer Untersuchungen. Viel interessanter ist doch die Frage, wie Kriminalliteratur an für dieses Genre bislang ungewöhnlichen Orten funktioniert. Gerade in den letzten Jahren kommt immer mehr Kriminalliteratur auf den Markt, die exotische Schauplätze in Asien, Afrika oder Lateinamerika einnimmt. Doch auch an diesen ungewöhnlichen Orten hat der Krimi eines mit den „normalen" Krimiorten gemeinsam. Er verwendet lokale bzw. regionale Erzählstoffe und packt sie in das (nicht mehr ganz so enge) Korsett des schematischen Krimis.[82] Besonders an solch außergewöhnlichen Krimiorten wird ersichtlich, dass der Raum des Verbrechens nicht nur Handlungsraum ist, sondern vielmehr „sozialer, ethnischer oder (sub)kultureller Raum"[83]. Entscheidend hierbei ist nicht die realitätsnahe Beschreibung der Orte und deren Abgleich mit der Wirklichkeit, sondern, ob der Mord bzw. das Verbrechen in irgendeiner Weise nur lösbar ist, wenn milieuspezifische Zusammenhänge, wie z.B. Räumlichkeiten, Traditionen, Mentalitäten, Praktiken, kulturelle Merkmale

---

[80] Bertolt Brecht: Über die Popularität des Kriminalromans. In: Jochen Vogt: *Der Kriminalroman II. Zur Theorie und Geschichte einer Gattung.* Wilhelm Fink Verlag. München, 1971. S. 316.
[81] Jochen Vogt: Krimi – international. In: Bogdal (wie Anm. 79). S. 3.
[82] Vgl. Ebenda, S. 4.
[83] Vogt (wie Anm. 81), S. 5.

usw. bekannt sind.[84] Spannung oder „thrill" ist hier eher selten zu erwarten, da das in der Regel nicht die Intention dieser Krimis ist. Die Autoren dieser Krimis wollen häufig nicht vorrangig unterhalten. Sie wollen vielmehr ein Bild davon geben, wie die Gesellschaft ihres Landes sich darstellt, sich selbst, ihren Landsleuten, aber auch der Welt zeigen, wie zerrüttet, korrupt und verlogen ihr Land ist. „Andere Länder haben nicht nur andere Sitten, sondern auch andere Gesetze, eine anders organisierte Polizei, andere Methoden der Verbrechensbekämpfung und vielleicht gar andere Vorstellungen von Gut und Böse."[85] Was das im Einzelnen bedeutet, sollen die folgenden Kapitel jedoch noch zeigen.

5.1. Europa

Europa und die Kriminalliteratur haben auf Grund der Vergangenheit ein ganz besonderes Verhältnis zueinander. Man könnte sagen, dass der Kontinent die Wiege dieses Genres ist. Genau genommen ist England das Vaterland aller Krimis, wie wir sie heute kennen. Es ist nicht ganz einfach, Merkmale eines Genres zusammenzufassen, wenn man sie für einen ganzen Kontinent gelten lassen will. Denn es gibt freilich viele Unterschiede zwischen den Krimis verschiedener Länder innerhalb eines Kontinents. Die gibt es ja sogar schon innerhalb eines Landes. Gleichsam gibt es natürlich auch gemeinsame Merkmale zwischen den Krimis verschiedener Kontinente, da sie sonst ja auch nicht demselben Genre angehören würden. Dennoch bin ich der Auffassung, dass es intrakontinental gesehen spezifische Merkmale in der Kriminalliteratur gibt, an denen erkennbar wird, dass die Krimis aus ein- und demselben Kulturkreis stammen bzw. eine gewisse gemeinsame Tradition verfolgen. Sei es bedingt durch räumliche Ähnlichkeiten, dieselben Traditionen, ähnliche religiöse Ansichten, soziale Verhältnisse usw.

Was lässt sich also über Europa in Bezug auf die Kriminalliteratur sagen? Auf Grund der langen englischen Vorherrschaft in diesem Genre ist es meines Erachtens nach wie vor noch am stärksten geprägt von den Regeln, die der Krimi-Autor einzuhalten hat. Denn vor allem der klassische englische Detektivroman hat diese Regeln hervorgebracht und sie daher auch am stärksten eingehalten. Schon Brecht stellte fest, dass der Kodex des englischen Kriminalromans der reichste und geschlossenste sei und sich strenger Regeln er-

---

[84] Vgl. Ebenda.
[85] Leonhardt (wie Anm. 38). S.185.

freue; vor allem aber sei er eines: fair und moralisch stark.[86] Was Brecht damit meint, ist, dass der Krimi für den Leser eine Denkaufgabe darstellen muss, bei der er nicht wissentlich getäuscht wird, um so unter Verwendung allen vom Detektiv dargelegten Materials und aller Beweise die Möglichkeit zu haben, allein auf des Rätsels Lösung zu kommen. Eine „Ehrensache" sollte dies laut Brecht sein. Offensichtlich hat das die Entwicklung dieses Genres in Europa so sehr geprägt, dass auch heute viele europäische Krimis sich daran halten. Besonders werden wir das zu einem späteren Zeitpunkt im Fall des griechischen Krimis feststellen. Vor allem das englische Vorbild eines Detektivs, der gegebenenfalls mit einem Kompagnon die Fälle löst, scheint sich in Europa stark verfestigt zu haben. Zwar muss das heutzutage nicht mehr, wie etwa bei Arthur Conan Doyle, ein Detektiv im Sinne von Sherlock Holmes sein, der sich als Alternative zur staatlichen Polizei anbietet, die Fälle zu lösen. Häufig ist der Detektiv nämlich Teil der Polizeibehörde und damit ein Polizist einer Sondereinheit oder Kommissar. Zwar handelt dieser dann in der Regel auf eigene Faust, doch kann er durchaus einen Kollegen haben oder im Falle von Hausdurchsuchungen oder größeren Einsätzen auch eine ganze Truppe zusammenstellen. Den Fall des singulären Helden haben wir etwa beim Deutschen Veit Heinichen, der seinen Commissario Proteo Laurenti in den Fokus stellt, bei den Schweden Maj Sjöwall und Per Wahlöö und ihrem Kommissar Martin Beck, beim Italiener Marco Vichi und seinem Commissario Bordelli, beim Franzosen Jean-Claude Izzo und seinem Ermittler Fabio Montale, beim Georgier Boris Akunin und seinem Erast Fandorin oder auch beim Griechen Petros Markaris und seinem Kommissar Kostas Charitos. Die Reihe der Krimi-Helden ließe sich durchaus noch fortführen. Die Vielfalt an europäischen Autoren, die ein- und denselben Ermittler immer wieder zum Helden ihrer Krimis erheben, zeigt deutlich, dass die englischen Vorreiter Holmes und Marple besonders in diesem Raum den Krimi geprägt haben. Natürlich machen dies auch Autoren aus außereuropäischen Ländern, etwa der Chilene Ramón Díaz Eterovic mit seinem Ermittler Heredia. Doch ist dies dort nicht so ausgeprägt und verbreitet wie in Europa. Meint man es etwas großzügig, könnte man noch das nordamerikanisch geprägte Private Eye in diese Reihe einordnen. Doch weicht dieser Privatdetektiv bereits deutlich von dem Typus des klassischen Ermittlers ab, da dieser dem Namen nach rein privat ermittelt und eine deutlich rauere Gangart wählt als der europäische Detektiv es in der Regel macht. Selbstverständlich heißt dies nicht, dass in Europa nach wie vor die Art Detektiv von den Krimi-Autoren geschaffen wird, die Sherlock Holmes darstellte. Diese Art Gentleman-Detektiv ist für heutige Verhältnisse aus einem

---

[86] Brecht (wie Anm. 80), S.316.

Grund nicht mehr denkbar: weil es ihn schon einmal gab. Jeder Autor möchte mit seinem Ermittler etwas schaffen, das es noch nicht gibt; einen Ermittler, der in seinen Eigenheiten, Ermittlungsmethoden und auch Macken so noch nicht existiert hat. Das ist besonders wichtig in Hinblick auf den Erfolg auf dem mittlerweile überfluteten Krimimarkt, denn „der Charakter des Detektivs prägt den Charakter der Geschichte"[87]. Und doch, trotz aller Diversitäten, schwebt zumindest über den meisten europäischen Ermittlern der Geist des Sherlock Holmes.

Was die meisten europäischen Krimis zudem oft noch miteinander vereint – neben der Figur des Ermittlers – ist die Vorstellung von Gut und Böse. Das trifft zwar nicht zu hundert Prozent zu, doch das liegt, wie eingangs bereits thematisiert, daran, dass bereits innerhalb eines Kontinents evidente strukturelle, politische und organisatorische Unterschiede zwischen den Ländern vorliegen. Was ich damit meine, wenn ich die These aufstelle, dass unterschiedliche Auffassungen von Gut und Böse zwischen den Kontinenten vorliegen, ist in der Regel von politischen und gesellschaftlichen Strukturen abhängig. Beispielsweise spielt die Korruption eine entscheidende Rolle. In Staaten, die offener für Korruption sind, wird das Böse (die Korruption, verbunden mit Verbrechen aller Art) eher gut geheißen und die Guten strafrechtlich sogar noch verfolgt. Länder, die Korruption jedoch kaum zulassen oder sie bekämpfen, sehen das Korrupte als das Böse an. Hierzu lässt sich demnach die These aufstellen, dass Europa international gesehen vergleichsweise inkorrupt ist und somit eine Gut-Böse-Auffassung hat, wie sie im europäischen Krimi häufig vorkommt. Plakativ gesagt: Die Polizei jagt und bestraft die Bösen und schützt so die Guten. Als Unterstützung meiner These soll an dieser Stelle einmal die Weltkarte der Wahrnehmung von Korruption aus dem Jahr 2010 Aufschluss geben.

---

[87] Leonhardt (wie Anm. 38), S.140.

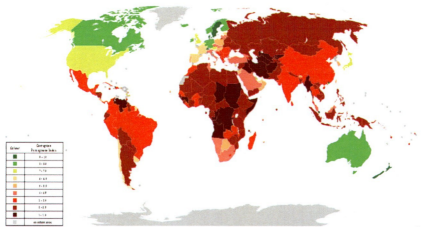

World Map Index of Perception of Corruption 2010 [88]

Diese Karte zeigt deutlich, dass meine These nicht allzu falsch sein kann, wenngleich sie nur mit Einschränkungen zu genießen ist. Grün zeigt auf dieser Karte die geringste Korruptionsrate an, während gelb bis dunkelrot eine jeweils höhere Rate anzeigen, wobei dunkelrot eingefärbte Länder die korruptesten sind. Hieraus geht eindeutig hervor, dass Europa insgesamt noch sehr hell eingefärbt ist und somit nahezu geschlossen dasselbe Ziel verfolgt, Kriminalität zu bekämpfen und Korruption so gut wie nicht zuzulassen. Allerdings – und das stellt eine Einschränkung dar – sind hier zwei Gefälle zu erkennen. Einmal ein West-Ost- und außerdem ein Nord-Süd-Gefälle. Wobei sowohl in Richtung Ost- als auch in Richtung Südeuropa die Korruption deutlich stärker vorkommt als im Norden oder Westen. Doch sieht man es im interkontinentalen Vergleich, scheint sich ein europäisch-einheitliches Bild abzuzeichnen.

Genau das spiegelt sich dann auch in der Kriminalliteratur wider, die als eine große Aufgabe für sich verbucht, gesellschaftliche Missstände aufzuzeigen. Dazu gehört dann auch die Korruption, die daher in Kriminalromanen, die in europäischem Raum handeln, nur sehr selten eine Rolle spielt.

Doch nicht nur in puncto Korruption gibt Europa ein einheitliches Bild ab. Auch allgemein ist die Kriminalitätsrate auf diesem Kontinent relativ gering, wie die nachfolgende Weltkarte zeigt.

---

[88] http://sanooaung.wordpress.com/2009/01/18/world-map-of-the-corruption-perceptions-index-by-transparency-international/ (Stand: 28.08.2011)

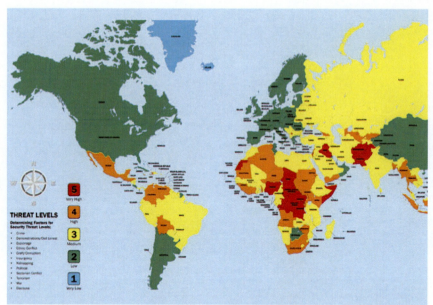

Weltkarte der gefährlichsten Länder der Welt 2011 [89]

Auch diese Karte zeigt, dass Europa relativ einheitlich grün eingefärbt ist, was bedeutet, dass die Kriminalitätsrate hier flächendeckend gering ist. Dazu zählen auf dieser Karte sowohl die allgemeine Kriminalität als auch ethnische Konflikte, Bürgerunruhen, Spionage, Terrorismus, Krieg oder auch Kidnappings. Daher verwundert es nicht, dass man keines von ihnen als zentrales Dauerthema in europäischen Krimis wiederfindet. Was die Kriminalliteratur in Europa nämlich in meinen Augen besonders kennzeichnet, ist die Vielfalt an Themen und Verbrechen. Mal ist es Menschenhandel, dann wieder Mord aus persönlichen Motiven und ein anderes Mal Bestechung und politisches Verbrechen. Natürlich gibt es all diese auch zuvor aufgeführten Verbrechen ebenso in Europa und den Krimis auf diesem Kontinent. Doch ist keines von ihnen ein derart zentrales Problem, dass es fast ausschließlich kriminalliterarisch verarbeitet werden muss, wie es beispielsweise in Afrika oder Lateinamerika der Fall ist, wie wir später noch sehen werden.

Deshalb sehe ich Europa mit seiner Kriminalliteratur als einen Kontinent der thematischen Vielfalt und Variation, während es die Regeln des Krimis noch am ehesten beibehält und damit der Krimi-Tradition noch am nächsten ist.

---

[89] http://biztravel.fvw.de/files/smimagedata/5/4/7/7/8/7/pic7.jpg (Stand: 28.08.2011)

5.1.1. Deutschland am Beispiel von Andrea Maria Schenkels *Kalteis*

Spricht man von klassischen deutschen Krimi-Autoren, fallen einem in erster Linie große Namen wie Veit Heinichen, Ulrich Ritzel, Bernhard Schlink, Frank Schätzing oder ältere wie E.T.A Hoffmann und Friedrich Dürrenmatt ein. Jedoch kann man nicht behaupten, dass Deutschland eine typische Krimivergangenheit hat wie etwa Großbritannien oder Frankreich und Italien. Das liegt unter anderem auch in der Geschichte des Landes begründet. Allein zwischen dem Ende des Zweiten Weltkriegs und der Vereinigung der beiden deutschen Staaten gab es gar nicht die Gelegenheit, eine einheitliche deutsche literarische Geschichte zu entwickeln. Während im Westen vor allem Spionageromane den Osten übertrieben schlecht darstellten und eine Flut von Übersetzungsromanen die BRD übersät, leidet die DDR fast schon unter Krimi-Mangel.[90] Das liegt vor allem an der geringen Auswahl an möglichen Verbrechen begründet, die dem Krimiautor in der DDR auf Grund sozialistischer Werte und Normen zur Verfügung stehen.[91]

Auffallend an der deutschen Kriminalliteratur, laut Arnold/ Schmidt, ist die fehlende „Gaunersprache".[92] Viele Sprachen verfügen über einen solch Slang, der unter den Kriminellen besonders beliebt ist. Wie Arnold/ Schmidt in meinen Augen richtig feststellen, wird daher gern der Berliner Dialekt als Aushilfsslang verwendet. Jedoch kann man ihn nicht universell als typisch kriminell bezeichnen. Etwa im Hamburger, Hessischen oder Bayerischen Raum würde das nicht authentisch wirken und somit nicht funktionieren.

Letzter spielt vor allem bei Andrea Maria Schenkel eine Rolle, die seit dem Jahr 2006 jedem Krimiliebhaber bekannt sein sollte. Damals debütierte sie mit ihrem Kriminalroman *Tannöd* und schlug mit ihm sowie mit dem Nachfolger *Kalteis* hohe Wellen in der Kriminalliteraturszene. Vor allem die neue Art des Erzählens und der Mordauflösung hat das gesamte Genre ein wenig aufgefrischt. Denn bis dato galt für den deutschen Krimi, was auch für die meisten anderen Krimis auf der Welt galt, nämlich das Schema: Mord im Vorfeld – Ermittler untersucht das Geschehene – Mörder wird gesucht, gefunden und bestraft. Bei Andrea Maria Schenkels *Kalteis* sieht das Ganze ein wenig anders aus. Sie verzichtet gleich gänzlich auf einen Ermittler. Besser gesagt: Der Leser wird zum einzigen, zum außenstehenden Ermittler emanzipiert. Damit steht allein der Mord bzw. die Morde im Zentrum des Geschehens und nicht auch noch das Ermitteln und Bestrafen. Die Frage

---

[90] Von 1950 bis 1967 werden gerade einmal ca. 95 Krimis in der DDR verlegt. (Arnold/ Schmidt (wie Anm. 21), S.376).
[91] Abgesehen davon war es ja nahezu unmöglich, gesellschaftliche Missstände in der Literatur der DDR zu beschreiben, ohne Repressalien oder Gefängnis fürchten zu müssen.
[92] Arnold/ Schmidt (wie Anm. 21), S.374.

nach Schuld und Sühne, die typischerweise stets über jedem Krimi schwebt, ist hier hinfällig, zumindest zum Teil. Denn von vornherein steht der Täter, Josef Kalteis, fest und ihm wurde bereits der Prozess gemacht. Ebenso wurde das Urteil, Tod durch Enthauptung, gleich zu Beginn des Romans vollstreckt. Somit wird früh ersichtlich, dass das typische Chaos, das ein Verbrechen im Krimi verursacht und durch die Bestrafung des Täters wieder durch die Ordnung beseitigt wird, noch gar nicht entstehen konnte. Im Gegenteil, für den Leser ist noch gar nicht erkennbar, welchen Grund die Enthauptung Kalteises hatte, wodurch meines Erachtens ein nicht minder großes Chaos im Leser verursacht wird. Die Autorin selbst will jedoch von Chaos und Ordnung, von Schuld und Sühne nichts wissen. Die Vermeidung des Konflikts dieser Konzepte ist sogar die Ursache dafür, dass sie die Krimis auf diese für das Genre untypische Weise erzählt:

> „Das ist ein Konzept, das mich zum einen nicht interessiert und woran ich zum anderen vor allem nicht glaube. Wenn am Anfang das Chaos steht, kann man im Nachhinein nicht einfach die Ordnung wiederherstellen. [...] Es bleiben immer Wunden zurück, das, was zerstört wurde, kann nie mehr vollkommen geheilt werden."[93]

Aus alledem, was ich bisher ausgeführt habe, geht hervor, dass das wohl markanteste Merkmal des Romans *Kalteis* seine Form der Präsentation des Verbrechens bzw. der Verbrechen ist. Die gesamten Morde des Josef Kalteis werden geschildert und aufgeklärt durch Zeugenaussagen, ein Vernehmungsprotokoll von Kalteis selbst und die Darstellung der letzten Lebenswoche seines ersten Opfers, Katharina Hertl. Durch die tageweise Inszenierung dieser letzten Lebenswoche mit Einschüben der anderen Morde Kalteises sowie seiner protokollierten Äußerungen bekommt der Leser bis zuletzt den Eindruck, dass Katharina Hertl anscheinend sein letztes Opfer sein wird, wobei bis zum Schluss die Frage bleibt, ob sie eventuell überleben wird, da Kalteis offensichtlich gefasst und hingerichtet wurde. Diese Hoffnung zerschlägt sich jedoch auf den letzten Seiten, auf denen der Leser erfährt, dass mit Katharina erst das Morden begonnen hat und sie somit sein erstes Opfer war und nicht, wie bis dahin vermutet, sein letztes.

---

[93] Andrea Bartl/ Hanna Viktoria Becker: Transitträume. In: Andrea Bartl (Hrsg.): *Germanistik und Gegenwartsliteratur*. Band 4. Wißner Verlag. Augsburg, 2009. S.496.

Geprägt ist dieser Kriminalroman von den für ihn außergewöhnlich präzisen Beschreibungen der Brutalität und Gefühlskälte, mit der der Mörder vorgeht (Howdunit[94]):

"(Der Staatsanwalt legt Kalteis ein mumifiziertes Gewebestück mit Haarbesatz vor. [...] Teil einer Vulva mit der noch verbliebenen Schambehaarung. [...] Der Staatsanwalt befragt den Verdächtigen weiter, warum er dem Mädchen die Vulva bei lebendigem Leib herausschnitt.) [...] Es ist der Trieb in mir, [...] ich kann nichts dagegen machen, es drängt mich, ich muss raus, ich muss mir was suchen [...]. Deshalb bin ich mit ihr auch da raus. Dort hab ich sie dann gleich mit Gewalt gepackt. Ihr die Hosen runtergerissen. [...] Mit einer Hand hab ich sie am Hals gepackt [...] und ihn ihr reingesteckt [...]. Danach hat sie sich nicht mehr gerührt. [...] Hab wahrscheinlich die Hand zu fest an ihrer Gurgel gehabt. [...] Erst wie ich abgespritzt hatte, hab ich gemerkt, dass sie sich nicht mehr gerührt hat. [...] Das Ganze war richtig gut. [...] Ich hatte danach immer so ein komisches Gefühl, das wollte ich wieder haben. Darum hab ich ihr auch die Britschn herausgeschnitten und mitgenommen..."[95]

Fast könnte man ihn in die Rubrik Thriller bzw. hard-boiled school einordnen. Doch fehlt ihm dafür die nötige Spannung, die Rohheit und das Howcatchem[96]. Das Whodunit[97] ist bei diesem Krimi jedoch ebenso irrelevant, da Kalteis von vornherein als Täter feststeht, weshalb eine Einordnung des Romans relativ schwierig ist und dieser aus der Masse an Kriminalliteratur herausragt.

Bleibt die Frage zu klären, in wie fern dieser Kriminalroman stellvertretend für die deutsche Kriminalliteraturszene stehen kann. Ich habe *Kalteis* als deutschen Vertreter dieses Genres gewählt, weil er wie kaum ein anderer Erfolg im In- und Ausland gefeiert hat. Das hat verschiedene Gründe. Einerseits weist er das typisch deutsche Lokalkolorit auf und stützt damit die aktuelle Tendenz zum Regionalkrimi als Subgenre, was ihn vor allem für die Deutschen attraktiv macht. Andererseits verfügt er über diese etwas andere Art der Beschreibung der Morde, ohne dabei weitgehend mit den gängigen Krimi-Schemata zu brechen, abgesehen davon, dass der Mörder bereits vor der Aufdeckung des Tathergangs bekannt ist. Das wiederum macht ihn auch für das Ausland interessant, denn „übersetzt wurden die Bücher bereits in mehr als vierzehn Sprachen, neben dem Englischen, Französischen oder Spanischen zum Beispiel auch ins Japanische und Chinesische"[98]. Auch wenn

---
[94] Howdunit (engl. How done it: Wie wurde es gemacht?) ist als Prinzip des Thrillers zu verstehen, bei dem aufgeklärt wird, wie (brutal) der Täter seine Opfer umgebracht hat, im Sinne einer Rekonstruktion der Tat.
[95] Andrea Maria Schenkel: *Kalteis*. 1. Auflage. btb Verlag. München, 2009. S.184-187.
[96] Howcatchem (engl. How to catch them/ him: Wie fängt man sie/ ihn?) ist die Beschreibung dessen, wie der/ die Ermittler dem Mörder auf die Spur gekommen sind.
[97] Whodunit (engl. Who done it: Wer hat es getan?) kennzeichnet den eigentlichen Rätselkrimi. Als zentrale Frage steht hier die Suche nach dem Täter im Raum.
[98] Bartl/ Becker (wie Anm. 93). S.492.

Andrea M. Schenkel selbst sagt, dass dieser Krimi keineswegs ein Regionalkrimi sei, was sich vor allem daran zeige, dass er internationalen Erfolg feiert und somit andere Faktoren als das Räumliche eine Rolle darin spielen müssten.[99] So zeigen sich jedoch gerade in diesem regional gefärbten Charakter die Glaubwürdigkeit und Stärke des Romans. Mit bairischem Dialekt und regionalen Ausdrücken, die jeder Allgemeinbildung entbehren, entfaltet der Roman eine ganz eigene Ausdruckskraft. Ob und wie genau die Regionalität, also der Raum, sich auf den Roman auswirkt, soll im nun folgenden Kapitel untersucht werden.

5.1.2. *Kalteis*: Der ländliche Großstadtkrimi

Schon auf der ersten Buchseite erfährt der Leser, dass sich *Kalteis* im München der 30er Jahre abspielt. Deutschland wird regiert von einem Wahnsinnigen und ist geprägt von Hetzparolen und Ausländerfeindlichkeit. Nun ließe sich vermuten, dass auch Kalteis in irgendeiner Weise Verbrechen des Nationalsozialismus behandelt. Doch gerade das tut Schenkel ihren Lesern nicht an. Stattdessen fokussiert sie sich auf Verbrechen, die unabhängig von all dem ideologischen Wirrwarr ebenso existieren. Dafür wählt sie, wie bereits erwähnt, München aus. Diese Stadt hat Schenkel deshalb gewählt, weil die Geschichte zum einen auf einer wahren Begebenheit beruht, wie die Autorin selbst bescheinigt. Johann Eichhorn hat zwischen 1931 und 1938 im Münchner Raum mindestens 34 Frauen vergewaltigt und fünf getötet, wie Schenkel aus dem *Polizeireport München 1799-1999* erfuhr.[100] Daher ist es für sie eine logische Konsequenz gewesen, Kalteis ebenso dort handeln zu lassen. Zum anderen wird es der Autorin gerade Recht gewesen sein, München zu wählen, da in kaum einer anderen deutschen Stadt das Dolce Vita einer Metropole auf Ruhe und Ländlichkeit trifft wie hier. Ich betrachte in diesem Kapitel daher München als Stadt der Gegensätze, in der Tradition und Moderne ganz nah beieinander liegen.

Die Protagonistin neben Josef Kalteis, Katharina Hertl, kommt aus dem beschaulichen bayerischen Ort Wolnzach nach München, um dort ihr Glück herauszufordern. Sie hat das Landleben satt und will in der Großstadt erfolgreich werden. „Die Stadt selbst lockt sie, das süße Leben in der Stadt. […] Sie würde es packen, da ist sie sich sicher."[101]

---

[99] Vgl. Bartl/ Becker (wie Anm. 93). S.492.
[100] Vgl. Ebenda, S.494.
[101] Schenkel (wie Anm. 95). S.105.

Das süße Leben in der Stadt erwartet Katharina also von München. Um zu verstehen, weshalb, sollte vielleicht erst einmal geklärt werden, welche Bedeutung eine Stadt hat und was sie ausmacht. Damit meine ich nicht nur die materiellen Differenzen, also die unterschiedliche Architektur zum Land oder die Abgrenzung zum Umland. Was vor allen Dingen von Bedeutung ist, ist die Lebensweise in der Stadt, aus der die Stadt wiederum einen metaphorischen Wert gewinnt und den menschlichen Charakter widerspiegelt. Das ist sowohl erkennbar an *Kalteis* als auch zu einem späteren Zeitpunkt an *Kap der Finsternis*. In beiden Fällen herrscht ein raues gesellschaftliches Klima, welches sich jedoch an Kapstadt noch besser aufzeigen lässt als an München, weshalb dieser Aspekt eher dort zum Tragen kommt. In aller Regel sind Städte, gerade in der Zeit des Nationalsozialismus, „strategische Orte der Gesellschaft, Orte von großer Dynamik, an denen gesellschaftliche Veränderungen besonders deutlich werden"[102].

München ist zweifelsohne ein solcher Ort. Es vereint alle Merkmale einer Großstadt, auch in *Kalteis*. Jedoch habe ich eingangs behauptet, dass kaum eine andere deutsche Stadt einen so ländlichen Charakter besitzt wie diese. Das wird vor allem aus dem Krimi von Schenkel ersichtlich. Nicht zuletzt auch daraus, dass Kathie, wie die Protagonistin fast durchgehend genannt wird, vom Lande kommt und somit die Traditionen in die bayerische Landeshauptstadt trägt. Besonders evident wird dies, wenn man die Sprache in Kalteis betrachtet. Es ist durchweg bei allen Figuren ein bairischer Dialekt zu erkennen: „Zum Gronen hat sie angefangen."[103], „Da hab ich ihr halt eine runtergehaut."[104], „Ein richtiges Geißgschau hats aufgesetzt."[105]

Teilweise ist für den Nichtkenner dieses Dialekts ein Wörterbuch erforderlich, um dem Geschehen folgen zu können, da Schenkel Wörter und Redewendungen einbaut, die dem Hochdeutschen schlichtweg fremd sind, wie z.B. der Begriff „Tschamster"[106] oder „Hafen voll Kaffee"[107]. Dieser besonders dialektale Gebrauch des Deutschen weist sehr deutlich darauf hin, dass ländliche Traditionen in München von enormer Bedeutung sind. Schließlich ist normalerweise eher die ländliche Bevölkerung dafür bekannt, Dialekt besonders stark zu gebrauchen. In der (Groß-)Stadt hingegen ist die Verständigung mit anderen, vor allem Fremden, besonders notwendig, weshalb dort der Dialekt eher in den Hintergrund rückt; gerade in kosmopolitischer Hinsicht.

---

[102] Martina Löw (wie Anm. 63). S. 93.
[103] Schenkel (wie Anm. 95). S.49.
[104] Ebenda, S.53.
[105] Ebenda, S.66.
[106] Ebenda, S.89.
[107] Ebenda, S.18.

Eine ländliche Großstadt stellt sich dem Leser in Kalteis auch deswegen dar, weil das Ländliche aus der Innenstadt anscheinend in kürzester Zeit zu erreichen ist: „Zuvor ist Kathie an ihrem ersten Abend in München noch mit Anna zum Soller gegangen. Zum Soller ins Tal. >>Willst mitgehen?<< [...] Kathie war das nur recht und so ist sie mitgegangen. Mit Anna hinüber ins Tal zum Soller."[108] Was dem Leser direkt auffällt, ist, dass nicht etwa die Kneipe um die Ecke als Ausflugsziel am Abend gewählt wird, sondern ein Gasthof außerhalb Münchens. Die Verbindung zwischen der Innenstadt, in der Kathie lebt und dem Gasthof, der nahezu jeden Abend angesteuert wird, steht somit sinnbildlich für die Vermischung ländlichen und urbanen Raumes und lässt München zum Millionen-Einwohner-Dorf werden: „Der bauliche wie gesellschaftliche Gegensatz von Stadt und Land existiert nicht mehr."[109] Passender als diese allgemeingültige Aussage von Martina Löw könnte man es für den Münchner Raum in *Kalteis* nicht formulieren. Der Ort ist tatsächlich München. Schenkel präsentiert ihn aber derart klein und traditionell, dass man als Leser das Gefühl nicht los wird, die Handlung spiele sich in einem kleinen bayerischen Dörfchen ab.

Nicht zuletzt auch das Oktoberfest, das im Roman in vollem Gange ist und Kathie letztlich zum Verhängnis wird, stellt diese Vermischung dar. Auf der einen Seite ist es von absoluter Urbanität geprägt durch seine Fahrgeschäfte und die kapitalistische Konsum- und Geldgier der Menschen. Auf der anderen Seite jedoch steht kaum ein anderes Ereignis wie das Oktoberfest für Geselligkeit, fröhliches Miteinander und Zwischenmenschlichkeit: „Anna hat irgendwann zu singen angefangen. Die ganzen Bänkellieder, mit denen sie schon als Kind mit ihrem Vater von Wirtshaus zu Wirtshaus zog."[110] Alle diese Eigenschaften sucht man in der Stadt mit ihrer Anonymität und dem Egoismus der Menschen häufig vergeblich. Hier, im *Kalteis*-München, gibt es sie jedoch. Und zwar deshalb, weil es trotz des Ortes, der geografisch und auf der Landkarte existiert, nicht wirklich dieses München ist. Sondern es ist, unabhängig von den beschriebenen realen Straßen und Gegenden, ein von der Autorin geschaffenes München, ein Raum; ein ländlich-städtischer Raum, der als kreiertes Werk des Autors diese beiden gegensätzlichen Komponenten (Stadt-Land) noch besser miteinander verbindet, als es in der Wirklichkeit ohnehin der Fall ist.

Welche Bedeutung hat nun aber der urban-rustikale Raum auf die Geschehnisse im Krimi? Zum Einen verleiht das gediegene Ambiente der ländlichen Idylle dem Roman

---

[108] Schenkel (wie Anm. 95), S.38f.
[109] Löw (wie Anm. 63). S.96.
[110] Schenkel (wie Anm. 95). S.40.

etwas Beschauliches, Friedliches. Daher entsteht ein umso größeres Chaos, wenn ein Mord geschieht. Auf Grund des Stils passiert das in Schenkels Roman allerdings nicht wirklich. Denn zum Beginn erfährt der Leser, wie bereits angesprochen, dass Kalteis von einem Scharfrichter enthauptet wird. Somit ist zunächst dies die Unordnung, die entsteht. Dieser Theorie nach wird die Unordnung (Enthauptung Kalteises), die eigentlich die Ordnung wieder herstellt, durch die Morde, von denen der Leser im weiteren Verlauf erfährt, wieder in eine Ordnung überführt. Die Morde stehen in diesem Roman also für die Beseitigung des Chaos, das entstanden ist, als der Leser vom Tod Kalteises erfahren hat. Am Ende wird so ersichtlich, dass die Todesstrafe zu Beginn des Romans diese Widerherstellung repräsentiert. Somit findet die Ordnung-Unordnung-Theorie also doch Anwendung in Kalteis, wenngleich umgekehrt zum üblichen Verlauf eines Krimis.

Trotz der Beschaulichkeit, die der ländliche Einfluss auf das München in *Kalteis* hat, ist diese Stadt doch eine Großstadt. Dementsprechend anonym kann Kalteis dort auch eine Vergewaltigung sowie Mord begehen, sogar auf offener Straße:

> „…so hat sie ihn kaum bemerkt, den Kerl mit der Sportmütze. […] wie er sein Fahrrad neben dem Kiosk abgestellt hat und ihr nun den Weg versperrt. […] Dann zieht er sie zu Boden. […] >>Halt dich still, sonst erschieß ich dich!<< […] Sie will sich nicht stillhalten. Will sich wehren. Spürt etwas kaltes Metallenes im Nacken. Gleich darauf einen Schmerz, der ihr fast die Besinnung raubt. […] Sie kann nicht schreien. Nicht schreien."[111]

Dies steht sinnbildlich auch dafür – wenn wir hierzu noch einmal die Nazizeit einblenden – dass Menschen damals öffentlich diffamiert und sogar getötet wurden, ohne dass es einen Aufschrei in der Bevölkerung gab. Auch das hat viele nicht gestört bzw. haben sie weggesehen. Das eigene Leben war ihnen verständlicherweise weitaus wichtiger und jeder Deserteur musste ebenso um sein Leben fürchten wie etwa ein Jude oder Ausländer. Somit ist dieser eben geschilderte Mord wohl auch Ausdruck der Stadt als Spiegelbild menschlichen Verhaltens, einer weiteren Funktion der hier präsentierten Stadt.

Auf der einen Seite ist München hier also ein sicherer Ort, wenn man den ländlichen Charakter mit all der Freude, dem Gesang, der Herzlichkeit und Nähe der Menschen sieht. Auf der anderen allerdings auch ein gefährlicher Ort, wie es oftmals typisch für eine Großstadt ist. Es ist eine ländliche Großstadt, ein Raum der Gegensätze.

5.1.3. Griechenland am Beispiel von Petros Markaris' *Hellas Channel*

---

[111] Schenkel (wie Anm. 95), S.122-125.

Mit Griechenland verbindet man Sonne, Strand und Tsatsiki. Aber Kriminalliteratur? Und doch gibt es sie. Geprägt ist die griechische „astinomiko mithistorima" vor allem durch die klassische, britische Detektivliteratur. Dies verbunden mit der charakteristischen Lockerheit und Tradition des Mittelmeerraums und den gesellschaftlichen Problemen der Hellenen ergibt eine ganz besondere Mischung von Kriminalliteratur. Allerdings haben wir hier nicht den Pfeife rauchenden, lässigen Sherlock-Holmes-Typ, sondern eher den modernen, westlich orientierten Ermittlertyp. Man könnte behaupten, dass griechische Krimis die modernisierte Weiterführung der klassischen Detektivromane, umgesetzt im Mittelmeerraum, sind.

Der wohl bekannteste griechische Autor solcher Romane ist Petros Markaris. Er ist 1937 in Istanbul als Sohn eines armenischen Kaufmanns und einer griechischen Hausfrau geboren. Sein Abitur machte er auf einem österreichischen Realgymnasium in Istanbul, ehe er nach Wien und anschließend für ein Jahr nach Stuttgart ging.[112] Daher vereint sich in ihm die traditionell südosteuropäische Kultur mit Charakteristika der modernen westlichen Kultur. Was auch den Protagonisten seiner Krimis, Kostas Charitos, auszeichnet.

Mit Kostas Charitos hat Markaris einen Ermittler erschaffen, der durchaus Ecken und Kanten hat. Vor allem aber zeichnet er sich durch seine Kenntnisse und seine Kombinationsgabe aus. Charitos liebt Souflaki aus der Tüte und versäumt es an keinem Abend vor dem Schlafen noch einmal in einem seiner Wörterbücher zu blättern, um sein Wissen mit neuen Amerikanismen zu erweitern. Das ist es nämlich auch, was ihn fasziniert: die amerikanische Lebensweise sowie das Polizeisystem und die Ermittlungsweise derer. Charitos ist Polizist bis ins Mark. Seine wohl typischste griechische Eigenschaft wiederum ist seine Vorstellung vom Zusammenleben von Mann und Frau. Seiner Frau Adriani gibt er nämlich pro Woche ein Haushaltsgeld in Höhe von dreißigtausend Drachmen (etwa 90 Euro). So modern und westlich orientiert Charitos auch sein will, so sehr steht er mit Modernität und Technik auf Kriegsfuß. Daher brauchte es viel Überredungskunst seiner Adriani, um sich ein Bankkonto zuzulegen. Doch er hat so wenig Vertrauen zu ihr und ihrer Kaufsucht, dass er ihr weiterhin ein Haushaltsgeld zahlt und keine Kontokarte überlässt. Überhaupt scheinen die einzigen Dinge, die Charitos und seine Frau zusammenhalten, die gemeinsame Tochter, die in Thessaloniki studiert und die finanzielle Abhängigkeit Adrianis von ihm zu sein. Hieran zeigt sich für meine Begriffe sehr deutlich eine veraltete, in Griechenland jedoch auch heute nicht unübliche Rollenverteilung zwischen Mann und Frau. Da Petros

---

[112] http://www.krimi-couch.de/krimis/petros-markaris.html (Stand: 28.08.2011)

Markaris bekannt ist für seine gesellschaftskritischen Züge in den Krimis, kann auch diese Darstellung der Rollenverteilung ausschließlich als Kritik begriffen werden. Doch das ist nicht die einzige, die in *Hellas Channel* erkennbar wird.

Im Roman wird zunächst ein totes Albaner-Pärchen entdeckt, was in Griechenland kaum der Rede wert ist und worüber normalerweise noch nicht einmal die Presse berichtet. Doch aus irgendeinem Grund will eine Reporterin des Hellas Channel, Janna Karajorgi, Informationen von Charitos und seinen Kollegen über diesen Fall bekommen und taucht bei ihnen im Polizeirevier auf. Auf der anderen Seite scheint sie bereits über weitere Informationen zu verfügen, die sie jedoch zunächst nicht preisgibt. An dieser Stelle wird bereits offensichtlich, was sich wie ein roter Faden durch den gesamten Roman zieht. Nämlich das konkurrierende Verhältnis von Polizei und Presse in der Berichterstattung. Auf der einen Seite brauchen sich die beiden Instanzen und auf der anderen Seite will jede von ihnen schneller an Informationen gelangen, um es als erstes zu veröffentlichen. Hier offenbart sich also die nächste Kritik von Markaris. Um herauszufinden, über welche Informationen Karajorgi verfügt, schickt Charitos seinen Kollegen und treuen Dienstpartner Thanassis zu ihr. Da sich beide offensichtlich bei der Begegnung im Revier mochten, soll das Ganze in Form eines Dates ablaufen. Noch in derselben Nacht will Karajorgi eine große Enthüllungsreportage live in den Nachrichten bringen, verrät Thanassis jedoch nicht, wovon diese handelt. Damit will sie die Polizei bloßstellen und ihren eigenen Ruf und Bekanntheitsgrad aufwerten. Doch, noch bevor sie auf Sendung geht, wird sie ermordet in der Garderobe des Senders gefunden, aufgespießt von einem Scheinwerferständer. Da es nun nicht mehr nur um zwei belanglose tote Albaner, sondern auch noch um eine tote, bekannte Journalistin handelt, entbrennt ein noch größerer Zweikampf zwischen Polizei und Journalisten, da jeder seine eigenen Ermittlungen anstellt. Als schließlich auch noch die Nachfolgerin Karajorgis, Martha Kostarakou, ermordet wird, ist die Angst bei den Reportern groß und die Polizei steht nahezu im Dunkeln da. Erst durch weitreichende Recherchen und das Ausnutzen von Kontakten in Verbrechermilieus kommt Charitos auf die Spur des Mörders. Zunächst musste er herausfinden, was Karajorgi in den Nachrichten enthüllen wollte. Dabei gelangt er zu der Erkenntnis, dass es sich um Organ- und Kinderhandel sowie Menschenschmuggel dreht.

Doch die eigentliche Sensation, mit der die Reporterin aufwarten wollte, war, dass dahinter ein angesehenes Transportunternehmen, die Pylarinos Unternehmensgruppe, steckt. Pylarinos befördert in angeblichen Leerfahrten ihrer Kühlwagen Menschen, vorwiegend aus Westeuropa und den USA, über die albanisch-griechische Grenze, wobei einer der

Zollbeamten dafür geschmiert wird, damit dieser die Kühlwagen einfach durchwinkt. In Athen suchen sich diese Menschen schließlich ein albanisches Kind aus einem illegalen Kindergarten aus und reisen mit diesem in einem Flugzeug zurück in ihr Heimatland. Bleibt nur noch offen, wer die Karajorgi und ihre Nachfolgerin umgebracht hat und aus welchen Gründen. Lange Zeit läuft der Leser einem Red Herring auf und verdächtigt den Geschäftsführer der Unternehmensgruppe, einen Auftragsmord erteilt zu haben.

Als am Ende der wahre Täter überführt wird, muss man feststellen, dass Petros Markaris zumindest eine der Regeln des klassischen Detektivromans bricht. Denn der Mörder der Karajorgi und ihrer Nachfolgerin kommt aus den Reihen der Polizei.[113] Es ist Charitos' Kollege Thanassis. Es kommt heraus, dass Thanassis mit Karajorgi ein gemeinsames Kind aus früherer Zeit hat, von dem Thanassis allerdings nichts wusste, bis zu dem Tag, als er im Revier wieder auf sie traf. Er wünschte sich nichts sehnlicher, als es zu sehen. Doch Karajorgi will ihm das Kind nur vorstellen, wenn er ihr hilft, die Enthüllung über Pylarinos vorzubereiten, weshalb sich Thanassis auf verbrecherische Machenschaften einlassen musste. Als er schließlich merkt, dass sie nie vorhatte, ihn dem Kind vorzustellen, dreht er durch und ermordet Karajorgi nach dem Date, zu dem er von Charitos geschickt wurde. Weil er fürchtete, dass auch ihre Nachfolgerin über Informationen zu diesem Fall verfügt, da Karajorgi sie kurz vor der Enthüllung anrief, brachte er auch sie um. Er lernt schließlich seine Tochter kennen, als Karajorgis Schwester zur Vernehmung im Revier mit ihrer Nichte, Karajorgis Tochter, auftaucht. Doch da war es zu spät, sich als Vater zu erkennen zu geben, da er nun bereits die Mutter der Kleinen getötet hat. Schlussendlich begeht Thanassis Suizid, bevor Charitos ihn zur Festnahme mit ins Revier nimmt.

Gesellschaftskritik kommt in diesem Roman sehr deutlich zum Tragen. Zum einen kann man die Nichtbeachtung des Todes zweier Albaner in den Medien als Kritik verstehen. Charitos, aus dessen Perspektive der gesamte Roman geschildert wird, sagt dazu: „Im Büro wollte ich die Angelegenheit spontan ins Archiv abschieben. […] Wer hat die Zeit, sich mit Albanern herumzuschlagen? Es war ja schließlich kein Grieche zu Schaden gekommen."[114] Hieran ist ganz klar eine Kritik an der Wahrnehmung der Aufgaben der Polizei zu erkennen. Es erfolgt eine Aufteilung in Menschen erster und zweiter Klasse. Griechen gehören somit zur ersten und die ungeliebten Balkannachbarn zur zweiten Klasse. Das rührt her aus einem Konflikt, der auch aktuell noch in der Realität besteht. Im Süden

---

[113] Laut Van Dines zwanzig Regeln für einen Detektivroman darf weder der Detektiv selbst noch einer der Ermittlungsbeamten der Täter sein, da er das als „bloße Betrügerei" und „Vorspiegelung falscher Tatsachen" ansieht.
[114] Petros Markaris: *Hellas Channel. Ein Fall für Kostas Charitos.* Übersetzung von Michaela Prinzinger. Diogenes Verlag. Zürich, 2008. S. 10.

Albaniens lebt nämlich eine griechische Minderheit, die sich von Albaniens Regierung unterdrückt fühlt. Es scheint, als wolle Albanien diese Minderheit am liebsten verschwinden lassen. Umgekehrt fühlt Albanien sich von den Griechen bedroht und befürchtet eine Einmischung in albanische Angelegenheiten durch diese Minderheit. Hinzu kommt, dass in Griechenland häufig Albaner verantwortlich sind, aber auch gemacht werden, für Verbrechen und kriminelle Delikte aller Art, weil sie zu Tausenden aus dem verarmten Land nach Griechenland kommen – ohne Pässe und ohne Geld. Markaris vergleicht dieses Problem mit der Situation der Türken in Deutschland: „The Albanians, in contrast, want to stay in Greece. In this regard, the Albanians resemble more the Turks in Germany. Because they have come to stay, the Greeks are hostile to Albanians. This is related to the fear of losing jobs but also to the Greeks' new European arrogance."[115] Dieses gesellschaftliche Problem greift Markaris auf und lässt es quasi den Rahmen der gesamten Handlung werden, da es mit dem Mord an den beiden Albanern beginnt und der Menschenschmuggel in den Kühltransportern stets in Albanien seinen Anfang nimmt.

Eine zweite große Kritik stellt die Korruption und die Vetternwirtschaft in Griechenland dar. Markaris lässt sie immer wieder in den Roman einfließen, beispielsweise als Charitos von seiner Kindheit erzählt: „Mein Vater hatte dem Rechenlehrer eine kleine Gefälligkeit unter Freunden erwiesen, ihm einen Jagdschein verschafft oder etwas Ähnliches. Und der Rechenlehrer rief ihn jedesmal sofort an, sobald er meine Arbeit in Händen hielt, um sich für sein Entgegenkommen zu revanchieren."[116] Ebenso ersichtlich wird es an folgender Textstelle, als Charitos von seinem Kollegen Sotiris und dessen Schwärmerei von seinem neuen Auto berichtet: „Oder seinen Kollegen vom Chassis seines kürzlich gekauften Hyundai Excel vorschwärmen kann. Den er angeblich vom Erlös einer geerbten Immobilie in seinem Heimatdorf finanziert hat. Angeblich, wie gesagt."[117] Die Korruption reicht also bis in die Strukturen der Polizei hinein. Doch wem, wenn nicht der Polizei, will man vertrauen? Das wird einer der Hauptgründe gewesen sein, weshalb Markaris dieses sensible Thema ebenso aufgegriffen hat. Wie sich heute zeigt, ist das schließlich einer der Hauptgründe für die wirtschaftliche Schwäche dieses Landes. Ebenso wie die für Südeuropäer charakteristische Mentalität des langsamen Arbeitens, die Markaris genauso wenig auslässt: „Angesichts der Arbeitsgeschwindigkeit des Labors ist damit bestenfalls in drei

---

[115] Achim Engelberg: *On the Streets of Athens with Petros Markaris*. In: South East Europe Review. 03/2006. Hans-Böckler-Stiftung. S.100.
[116] Markaris (wie Anm. 114), S.27.
[117] Markaris (wie Anm. 114), S.47.

bis vier Tagen zu rechnen."[118] Auch die wirtschaftlich-soziale Strukturierung seines Landes lässt der Autor durch seinen Ermittler kritisieren, als er die Ordnung seines Bücher-Regals erklärt. Denn nur das obere Regal ist belegt mit seinen Wörterbüchern, die drei Regale darunter hingegen mit „Schundromanen und Billigdrucken". Schließlich fasst er es kurz zusammen und bezieht es auf sein Heimatland: „Oben zusammengestoppeltes Wissen, unten erniedrigender Verfall. Als wollte man ganz Griechenland auf vier Brettern darstellen."[119] Mit anderen Worten, es gibt eine griechische Minderheit, die gebildet und gegebenenfalls reich ist und eine deutlich größere Majorität, die am Rande der Armut ist und die Außendarstellung bestimmt.

So lässt sich also letztlich folgendes für den griechischen Krimi konstatieren: Er ist der europäischen Krimi-Tradition, genau genommen der britischen, mit seinem kauzigen, aber engagierten und gerissenen Ermittler und dessen Partner äußerst nah. Zudem ist er gekennzeichnet durch seine gesellschaftskritischen Töne, die in Griechenland vor allem die Vetternwirtschaft und die griechische Mentalität betreffen.

Was ich jedoch bislang ausgespart habe, ist der Aspekt der Räumlichkeit. Ausgespart deshalb, weil Markaris dem Raum offensichtlich sehr viel Bedeutung beimisst. Es ist allzu offensichtlich, wie genau er die Wege und Straßen Athens benennt. Der Leser findet sich wahrlich in einem Meer aus Ortsbezeichnungen wieder. Daher soll im nächsten Kapitel der Raum in *Hellas Channel* analysiert werden.

5.1.4. *Hellas Channel*: Locked Room Athen

Wie bereits angedeutet ist der Ort des Geschehens in *Hellas Channel* Athen. Auf Grund der vielen Straßen- und Platznamen, die Markaris angibt, ist es sogar möglich, ungefähr einzugrenzen, in welchem Areal sich alles abspielt. So lässt sich nach Abgleich der angegebenen geografischen Namen mit einer Stadtkarte Athens feststellen, dass Kostas Charitos in einem Umkreis von grob 10 x 15 Kilometern rund um das Stadtzentrum ermittelt. Zwar wird das Albaner-Pärchen außerhalb dieses Reviers, in Agios Ioannis Rentis, einem vor allem industriell geprägten Vorstadtbereich Athens, getötet, woraufhin Charitos und sein Team auch dort ermitteln. Jedoch bildet das schon eine Ausnahme und kann meines Erachtens auch als Ausdruck der Ausgrenzung der Albaner aus dem inneren Kreis der

---

[118] Ebenda, S.107.
[119] Ebenda, S.26.

Griechen, dem Stadtzentrum, betrachtet werden. Die Ermittlungen zu allen Morden erfolgen innerhalb eines Gebietes, das umschlossen wird von der Autobahn 6 Attiki Odos im Norden, der Autobahn 1 Leoforos Kifisiou im Westen, der Autobahn 64 Leoforos Perifereiaki Ymittou und der Leoforos Alimou-Katechaki im Osten sowie dem Hafen und dem Mittelmeer im Süden. Zur besseren Illustration soll ein Ausschnitt der Stadt Athen das Ganze untermauern.

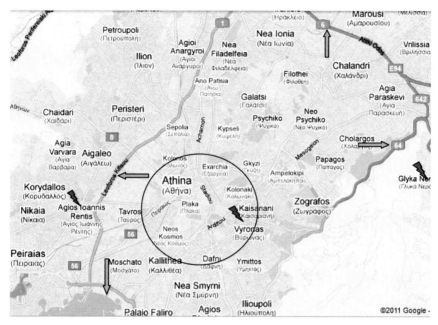

Kartenmaterial von Google Maps

Die Blitze markieren die Orte, an denen die Morde geschehen sind. Der linke deutet auf den Mord-Ort der Albaner, der mittlere Blitz auf den Ort, an dem Martha Kostarakou ermordet wurde und der rechte auf den von Janna Karajorgi. Die Pfeile hingegen zeigen die Grenze des Gebietes an, in welchem die Ermittlungen hauptsächlich stattfinden. Wie bereits erwähnt bildet die Ermittlung zum Mord an den Albanern eine Ausnahme. Hinzu kommt, dass natürlich auch Ermittlungen im Sendegebäude von Hellas Channel stattfinden. Dieses befindet sich im Stadtteil Spata und wird demnach ebenso durch den rechten Blitz angedeutet. Ansonsten finden wir ein relativ stark eingegrenztes Ermittlungsterritorium vor. Der Kreis im Zentrum der Grafik kennzeichnet den hauptsächlichen, engsten

Handlungsradius von Charitos und seinem Kollegen. Selten bewegen sie sich darüber hinaus und wenn, dann in der Regel bis zu den angegebenen Begrenzungen.

Somit scheint die große und unübersichtlich wirkende Stadt Athen zu einem relativ geschlossenem Raum zu werden. Charitos schließt nahezu aus, dass der Mörder sich der Stadt entzogen haben könnte oder sich viel weiter außerhalb des Suchgebietes aufhält. Daher wirkt es, als wäre die Stadt zu einem Locked Room geworden. Ähnlich, wie das Paris, in dem sich Léo Malets Privatdetektiv Nestor Burma herumschlägt, als „Freiluftlocked room" bezeichnet wird[120], könnte man das mit wenigen Einschränkungen auch auf das Athen in Markaris' Krimi anwenden. Nur, dass sich Charitos nicht nur in einem bestimmten Arrondissement bewegt, wie Burma es tut, sondern eben gleich mehrere Viertel abdeckt. Das mag wohl daran liegen, dass Malets Privatdetektiv seine Ermittlungen per pedes anstellt, während Charitos eigentlich kaum einen Meter ohne seinen Wagen zurücklegt. Damit ist er wiederum Dashiell Hammetts modernem amerikanischen Private Eye Sam Spade oder Raymond Chandlers Philip Marlowe ähnlicher als dem traditionellen englischen Detektiv. Doch, so oft, wie Charitos im Stau steckt und in der stickigen Athener Stadtluft ins Schwitzen gerät, sollte man vermuten, dass er ohne Auto weitaus schneller vorankäme. Kaum eine Fahrt vergeht ohne Stau, sei es, dass er in der Olouf-Palme-Straße „alle zehn Meter anhalten"[121] muss, auf dem Papandreou-Boulevard „dieselbe vertrackte Situation"[122] herrscht oder er auf dem Vassileos Konstantinou-Boulevard ebenso „im Stau stecken"[123] bleibt. Jedoch stellt das Benutzen des Autos die einzige Gemeinsamkeit zum amerikanischen Krimi dar. Denn anders als dort operiert Charitos scheinbar nicht in einer unübersichtlichen Großstadt, deren Ausmaße kaum zu überblicken sind. Wenngleich das wirkliche Athen selbstverständlich unüberschaubar ist und in einem solchen Mordfall wohl kaum derart begrenzt bliebe. Außerdem erregen die begangenen Verbrechen absolutes Aufsehen und stellen ein Ereignis dar, das die sonst scheinbar heile Welt in Aufruhr versetzt. Im amerikanischen hard-boiled-Krimi wäre das eben nicht der Fall, weil Tod, Gewalt und Kriminalität hier zum Alltag gehören.[124] Interessant wird dieser Vergleich zu Amerika auch dahingehend, dass Charitos sich ausgiebig mit Amerikanismen beschäftigt und die Arbeitsweise der amerikanischen Polizei als positiv erachtet. Doch, wie gesagt, hat Charitos mit den US-Ermittlern bis auf das Autofahren kaum noch etwas gemein.

---

[120] Vgl. Richter (wie Anm. 77.). S.377.
[121] Markaris (wie Anm. 114). S. 130.
[122] Ebenda.
[123] Ebenda, S.233.
[124] Vgl. Melanie Wigbers: *Krimi-Orte im Wandel. Gestaltung und Funktionen der Handlungsschauplätze in Kriminalerzählungen von der Romantik bis in die Gegenwart.* Königshausen & Neumann. Würzburg, 2006. S.96.

Zurück zum Athener Locked Room. In diesem Krimi ist nicht nur Athen selbst als Locked Room zu betrachten. Auch der Mord an Janna Karajorgi findet scheinbar in einem solchen statt. Bis zur Aufklärung des Mordes gibt es offenbar keinerlei Hinweise darauf, dass jemand ungesehen zu Karajorgi gelangt sein könnte, um sie umzubringen. Alle Hinweise auf einen geschlossenen Raum sind vorhanden. Der Wachposten hatte den einzigen Eingang zum Sendegebäude bewacht, die anwesenden Verantwortlichen und Mitarbeiter hatten handfeste Alibis und Karajorgi konnte sich wohl kaum selbst mit einem riesigen Scheinwerferständer aufspießen. Demnach liegt ein Locked Room vor. Erst als Charitos durch die Befragung der Mitarbeiter und seinen sechsten Sinn herausbekommt, dass der Wachposten für zwei Minuten doch seinen Posten verlassen hat, um menschliche Notdurft zu verrichten, fällt der Locked Room in sich zusammen und es gibt Platz für weitere Ermittlungen in Hinblick auf die Ermordung Karajorgis. Es muss also in diesem Locked Room nur die Möglichkeit gefunden werden, wie jemand ihn ungesehen betreten und wieder verlassen kann, damit der vermeintlich geschlossene Raum sich öffnet und so eine Aufklärung des Verbrechens erlaubt. Übertragen auf Athen als Locked Room hieße dies, dass erst in dem Moment, als das Athener Transportunternehmen Pylarinos ins Visier von Charitos gerät, eine umfassende Aufklärung und die Herstellung von Verbindungen zwischen allen Verbrechen möglich wird. Athen ist ab diesem Zeitpunkt nicht mehr das geschlossene System, das es bis dahin war. Zwar geschahen alle Morde innerhalb dieses Locked Rooms Athen. Doch erst, als Charitos es schafft, über den Rand hinaus zu blicken und die Lücke im Locked Room zu entdecken, ergeben sich ihm Zusammenhänge und er findet die Spur zu allen Tätern.

Für diesen Krimi ist die Funktion des Locked Rooms substanziell. Der Leser steht lange Zeit, ebenso wie Charitos, vor vielen Fragezeichen. Wie es die Spielregeln des Krimis erfordern, gibt Charitos alles an den Leser weiter, was er weiß. So hat der Leser tatsächlich bis kurz vor Ende des Krimis das Gefühl, eventuell doch vor dem Ermittler auf des Rätsels Lösung zu kommen. Doch spätestens als Charitos zu erkennen gibt, dass er weiß, wie alles zusammenhängt, verfällt der Leser wiederum in leichtes Staunen: „»Hast du des Rätsels Lösung?«»Ja, doch sie gefällt mir ganz und gar nicht.«"[125] Er lässt den Leser sogar noch solange im Dunkeln stehen, bis Thanassis selbst alles gesteht, was Charitos bereits wusste. Grund dafür, dass Charitos dieses Rätsel lösen konnte und der Leser hingegen nicht, ist, dass er erkannt hat, wo die Lücken in den beiden Locked Rooms (Sender und Athen) waren, während der Leser ausschließlich davon ausgehen musste, dass die Systeme ge-

---

[125] Markaris (wie Anm. 114). S.445.

schlossen sind. Selbst, wenn die Offenheit der Systeme vom Leser erkannt worden wäre, wäre die richtige Zusammensetzung des Puzzles wohl nur schwer möglich gewesen. Das wiederum liegt daran, dass der Detektiv natürlich, laut Van Dines Regeln, viel schlauer als der Leser ist. Der Locked-Room-Effekt ist also maßgeblich für die Rätselspannung in diesem Krimi verantwortlich und spielt meines Erachtens eine zentrale Rolle.

Insgesamt betrachtet ist Hellas Channel also in meiner Auswahl der Roman mit den meisten Ambitionen, ein klassischer Detektivroman zu sein, der vor allem das Locked-Room-Mysterium auf eine Großstadt überträgt. Die Vielzahl an Ortsangaben versucht hierbei nicht nur, einen Authentizitätseffekt zu erstellen. Sondern will Markaris damit in meinen Augen gerade diesen Locked Room kreieren. Nur, wer sich die Mühe macht und alle Straßennamen und Ortsangaben mit einer Karte abgleicht, wird feststellen, dass sie ein sehr begrenztes Gebiet in Athen markieren und somit diese Stadt und den Ermittlungsradius von Charitos einschränken. Der Locked Room in der Großstadt kann also nur erkannt werden und wirkt umso geschlossener, je mehr Straßen vom Autor benannt werden. Doch gilt auch hier, was für den klassischen Locked Room gilt: Es gibt ein Schlupfloch und nur wenn dieses ausgemacht wird, kann der Fall gelöst werden.

5.2. Lateinamerika

Was den Deutschen der Kriminalroman und den Griechen das astinomiko mithistorima, ist für das überwiegend spanisch sprechende Lateinamerika die novela policíaca. Der Kriminalroman in Lateinamerika hat mittlerweile ebenso eine Tradition erreicht wie in Europa. Jedoch hat es lange gedauert, bis sich eigene Kriminalromane auf dem von ausländischen Krimis überfluteten hispanoamerikanischen Markt etabliert haben.[126] Allerdings wird ihm auch heute noch häufig zum Vorwurf gemacht, lediglich europäische Muster zu kopieren.[127] Doch so plakativ kann man das nicht betrachten. Zudem ist diese fast ausschließlich negative Kritik nicht gerechtfertigt. Ist doch schließlich, wenn man es so will, jede Kriminalliteratur der europäischen Tradition entsprungen. Außerdem ist es nun einmal Schemaliteratur und an dieses Schema sollte sich der Autor dann auch halten, wenn er dieses Genre bedienen will. Ich denke jedoch, dass die Kritik eher in die Richtung der Variationsfähigkeit geht.

---

[126] Vgl. Arnold/ Schmidt (wie Anm. 21). S.394.
[127] Vgl. Wörtche (wie Anm. 79). S.12.

Wenn man der Kriminalliteratur eines Kulturkreises einen Vorwurf machen will, dann sollte dieser nicht irgendwelche Musterkopierung betreffen, sondern eher, dass diese nicht genügend variiert werden und mit Lokalkolorit versehen werden. Genau genommen muss man in Lateinamerika die historische Entwicklung des Genres analysieren. Schnell wird man feststellen, dass es zumindest eine gibt. Und zwar führt diese weg von der bloßen Imitation europäischer Vorlagen, hin zu größerer, lokal geprägter Individualität. Denn spätestens seit 1968, dem Jahr, in dem das Massaker von Tlatelolco[128] (Mexiko) geschah, fand auch eine Veränderung in der Literatur statt. Die strengen Regeln und Muster wurden aufgebrochen und durch mehr Eigenheiten ersetzt. Dies führte dazu, dass die Krimis aus diesem Kulturraum, speziell aus Argentinien und Mexiko, global an Beliebtheit gewannen. Der Krimi hat in Lateinamerika schließlich zwei Entwicklungslinien hervorgebracht. Auf der einen Seite stehen Jorge Luis Borges und die Nachfolger, die in seiner Tradition weiterschreiben[129]; und auf der anderen Seite Juan Rulfo und dessen Anhänger[130], die sich erst später gegen die Borges-Tradition durchsetzen konnten, vor allem nach 1968.[131] In der Borges-Tradition ist vor allem Kriminalliteratur geschrieben worden, die den Rätselspaß und das intellektuelle Vergnügen in den Vordergrund stellt. Konträr dazu steht der gesellschaftskritische Kriminalroman, der ein fiktives Verbrechen in den realen Raum setzt und gegenwärtige soziale und/oder politische Zustände mehr oder weniger subtil kritisiert. In Hinblick auf den später zu analysierenden Roman von Paco Ignacio Taibo II ist zu konstatieren, dass er der zweiten Tradition angehört.

Die Borges-Tradition ist von Jorge Luis Borges' Faszination der Kriminalliteratur Arthur Conan Doyles und Agatha Christies geprägt, was er in sein Schaffen hineinfließen ließ.[132] Die zweite Strömung begründet sich hingegen hauptsächlich in den politischen und sozialen Entwicklungen der Länder Lateinamerikas seit den Studentenunruhen. Sie wendet sich „gegen die Ausformung totalitärer staatlicher Strukuren"[133] und die Ausbeutung von Land und Leuten.

Weshalb in dieser Studie mit Paco Ignacio Taibo II lediglich ein ausgewähltes Beispiel für Lateinamerika gewählt worden ist, lässt sich aus der hier aufgeführten Übersicht der

---

[128] Das Massaker von Tlatelolco bildet den Höhepunkt der Studentenproteste in Lateinamerika. Bei diesem Massaker kurz vor den Olympischen Spielen in Mexiko-Stadt wurden laut Schätzungen zwischen 200 und 300 Studenten getötet und damit deren Aufbegehren beendet.
(http://www.quetzal-leipzig.de/printausgaben/ausgabe-22-1968/lateinamerika-1968-ein-schaltjahr-fur-guerilleros-reformisten-und-diktatoren-19093.html; Stand: 28.08.2011)
[129] Etwa Pablo de Santis, Ricardo Piglia oder Juan José Saer.
[130] Etwa Santiago Gamboa, Ramón Díaz Eterovic oder Miguel Bonasso.
[131] Wörtche (wie Anm.79). S.12.
[132] Ebenda.
[133] http://www.alligatorpapiere.de/leinen-Tatort-Mexiko.html (Stand: 28.08.2011)

zwei Entwicklungslinien im Zusammenhang mit den Zielen der Untersuchung begründen. Der reine Rätselkrimi ist daher für die Frage nach dem Raum irrelevant, sieht man einmal vom Locked Room ab. Wichtiger und interessanter ist da die Frage nach der Auswirkung von gesellschaftskritischen Aspekten in diesem Kulturraum auf die Kriminalliteratur.

Am Ende dieser Übersicht zu den zwei Entwicklungslinien bleibt daher folgendes festzuhalten:

> „Auf jeden Fall hat sich der lateinamerikanische Kriminalroman ästhetisch und politisch differenziert. Er hat sogar eine Diskussionskultur und dialogische, manchmal polemische Beziehungen entwickelt. Inzwischen besitzt er einen Stammplatz auf dem heimischen und dem internationalen literarischen Feld – und zwar in allen seinen ausdifferenzierten Spielarten."[134]

Was in Lateinamerika bzw. in den Krimis des Weiteren auffällt, ist das Verhältnis von Mensch und Staat, das anders als in vielen europäischen Staaten beispielsweise oftmals von viel größerem Misstrauen geprägt ist. Häufig ist sogar der Staat bzw. eine politische Instanz wie die Regierung oder eine Partei als Täter dargestellt. Ursache hierfür ist, dass in Lateinamerika noch einige totalitäre Systeme vorherrschen bzw. extreme politische Parteien an der Macht sind, Meinungsfreiheit und andere Grundrechte beschnitten werden und Menschen unterdrückt und sogar gefoltert oder getötet werden. Nicht zuletzt auch, weil in diesen Ländern vermehrt soziale Ungerechtigkeiten und Armut vorkommen, spielt das Verhältnis zwischen den Bürgern und ihrem Staatsapparat häufig eine tragende Rolle. Exemplarisch soll dies alles noch viel ausführlicher am Beispiel Mexikos im folgenden Kapitel untersucht werden.

---

[134] Wörtche (wie Anm. 79). S.13.

5.2.1. Mexiko am Beispiel von Paco Ignacio Taibos II *Unbequeme Tote*

Mexiko ist wie kein anderes lateinamerikanisches Land geprägt vom bereits angesprochenen Massaker des Jahres 1968. Nicht zuletzt deswegen, weil es in Mexiko stattfand. Damit verbunden ist die Partei, die das Land über 70 Jahre lang beherrschte und unterdrückte: die Partido Revolucionario Institucional (PRI). Auf Grund fehlender starker oppositioneller Parteien, erlangte die PRI etwa den Status einer Einheitspartei, wie es sie auch in der DDR mit der SED beispielsweise gab. Erst im Jahr 2000 gelang es der einzigen richtigen Gegenpartei, der Partido Acción Nacional (PAN), erstmals, einen Präsidenten zu stellen: Vicente Fox Quesada. Vor allem seine Nähe zu den USA, unter anderem durch seine Management-Tätigkeit bei Coca-Cola, und die vielen nicht eingehaltenen Wahlversprechen ließen jedoch Unmut in der Bevölkerung aufkommen. Politische, wirtschaftliche und soziale Probleme sind seit jeher akut in Mexiko und konnten auch unter Fox nicht beseitigt oder wenigstens verbessert werden.[135] Was den meisten Mexikanern jedoch die größten Sorgen bereitet, ist die hohe Armutsrate und die damit einhergehende Kriminalität. Dass dieses Land eines der korruptesten und kriminellsten dieser Welt ist, bestätigen auch die beiden Karten auf den Seiten 29 und 30 in diesem Buch. Als weiteres großes Thema der Öffentlichkeit wird El Yunque betrachtet. Das ist eine rechtsextreme (Geheim-) Organisation, die angeblich Mitglieder in der seit 2000 regierenden PAN stellen soll, die wichtige Positionen bekleiden.

Für Paco Ignacio Taibo II sind beide Parteien, PRI und PAN, nicht tragbar, was er gern in Interviews zum Besten gibt:

> „…es ist die PRI, welche die USA zum Hausherrn Mexikos machte und uns zu Dienern und Lakaien erniedrigte. Die PRI brachte Mexiko in eine sklavenartige Abhängigkeit von den USA. Ich würde nicht von der rechten PAN sprechen, sondern lieber von der „anderen Rechten". Denn PRI und PAN sind lediglich Varianten ein und derselben Sache. Die einzige Tugend der PAN ist, daß ein Teil von ihr zivilgesellschaftliche Tendenz aufweist. […] Sie ist nicht so autoritär wie die PRI und weniger bürokratisch. Das ist alles."[136]

Dennoch wird die PAN in der Außenpolitik von anderen Ländern als Partei der Mitte und der Demokratie wahrgenommen und anerkannt.

---

[135] Vgl. http://www.alligatorpapiere.de/leinen-Tatort-Mexiko.html (Stand: 28.08.2011)
[136] Albert Sterr: *Zynismus und double-speak; Interview mit Paco Ignacio Taibo II über das Pulverfaß Mexiko*. In: Lateinamerika Nachrichten 264/265. Berlin, 1996. S.36.

Als letztes wissenswertes und für den Krimi relevantes historisches Detail sind die Zapatisten zu erwähnen. Sie sind vorwiegend eingeborene revolutionäre Gruppierungen aus dem Süden Mexikos, vor allem aus dem Bundesstaat Chiapas. Unter dem Anführer Subcomandante Marcos organisierten sie 1994 einen bewaffneten Aufstand und kämpfen seitdem ausschließlich ohne Waffengewalt für die Rechte der eingeborenen, armen Bevölkerung. Demnach kann man die Zapatisten als oppositionelle Kämpfer für Freiheit und Recht verstehen, die sich für die Armen einsetzen und gegen die politische Monotonie, verursacht durch die PRI und die PAN, kämpft.

Diese über viele Jahre schwelenden Konflikte der genannten Gruppierungen finden sich nicht zuletzt auch in *Unbequeme Tote* wieder. Man sollte sogar unbedingt darüber Bescheid wissen, möchte man den Krimi vollständig verstehen. Ansonsten droht die scharfe Kritik an der mexikanischen Politik und Gesellschaft nicht verstanden zu werden und damit das Hauptanliegen dieses Krimis unterzugehen. Grundsätzlich will der Kriminalroman in Mexiko der Gesellschaft nicht nur ein Spiegelbild vorhalten, sondern „Mexican readers find in my novels a broken mirror, a proposition that invites them not to surrender to an immoral reality."[137] Der Kriminalroman hat sich die Möglichkeit erschaffen, den privaten Ermittler „das Gewalt- und Diskursmonopol des Staates" durchbrechen zu lassen und damit die „im Namen des Volkes begangenen Verbrechen der Institutionen zu entlarven".[138] So auch in *Unbequeme Tote*, wo am Ende das Verbrechen des Staates an der verarmten Bevölkerung als die größte Schande hervorgehoben und ein großes Komplott der Regierung aufgedeckt wird. Paco Ignacio Taibo II bestätigt nicht nur mit diesem Kriminalroman, dass der Staat selbst durch seine Kriminalität sein größter Feind ist: „Criminality forms part of the system and is incorporated into it in a logical and coherent manner. Hence, the solution is also part of the crime. I live in a city where the police produce more deaths than all of the underworld organizations, the Mafia, and any number of marginal lunatics."[139]

Doch betrachten wir das nun konkret am Roman von Taibo. Er passt von seiner Art zu einer Aussage von Ilán Stavans: „[...] the post-Tlatelolco writers embraced the notions of experimentation [...]."[140] Der Kriminalroman weist starke experimentelle Züge auf. Das zeigt sich am deutlichsten an einem der beiden Protagonisten, dem Ich-Erzähler Elías Contreras. Er stellt sich als „Ermittlungskommission" von der Ejército Zapatista de Libera-

---

[137] Ilán Stavans:*Antiheroes. Mexico and Its Detective Novel*. Translated from the Spanish by Jesse H. Lytle and Jennifer A. Mattson. Associated University Presses. Cranbury, 1997. S.145.
[138] Vgl. http://www.alligatorpapiere.de/leinen-Tatort-Mexiko.html (Stand: 28.08.2011)
[139] Stavans (wie Anm. 137). S.147.
[140] Ebenda, S.148.

ción Nacional (EZLN)[141] vor und er ist tot. Rückblickend berichtet er dem Leser aus seiner Perspektive von einem Fall, den er einst gelöst hat. Doch mit dieser einen Perspektive ist es noch nicht getan. Ebenso erhält der Leser Informationen zum Fall durch den zweiten Protagonisten, den Privatdetektiv Héctor Belascoarán Shayne, der jedoch nicht aus der Ich-Perspektive berichtet. Stattdessen berichtet ein personaler Erzähler von Belascoaráns Ermittlungen. Belascoarán ist auch der Protagonist in anderen Kriminalromanen Taibos. In *Unbequeme Tote* teilt er sich die Ermittlungen jedoch mit dem Zapatisten Contreras. Während Belascoarán sich hauptsächlich auf Mexiko-Stadt konzentriert, ermittelt Contreras vorwiegend in Chiapas, wo die Zapatisten ihr Machtzentrum errichtet haben. Der Perspektivwechsel ergibt sich aus einem Grund: der Roman wurde von zwei Autoren geschrieben und kapitelweise in der mexikanischen Tageszeitung „La Jornada" veröffentlicht. Daher hat Paco Ignacio Taibo II die Geschichte rund um Belascoarán geschrieben, während Subcomandante Marcos, Anführer der zapatistischen Freiheitsbewegung, die Kapitel geschrieben hat, in denen Contreras auftaucht und ermittelt. Darüber hinaus schreibt Marcos sich ebenfalls als Figur in den Roman hinein als Vorgesetzten von Contreras, der einfach nur Sub genannt wird. Dieses als Kooperation abzutun wäre noch eine Untertreibung. Es ist ein Experiment, das Taibo eingeht, mit dem er im Grunde die Zapatisten seines Landes unterstützt. Schließlich lässt er zu, dass der Sub seine Sichtweise der Dinge in die Geschichte hineinbringt und die Regierung und das komplette Machtgefüge in Mexiko kritisiert. Als weitere berichtende Person taucht Juli@ Isileko auf. Er berichtet ebenfalls aus der Ich-Perspektive. Das @ im Vornamen symbolisiert seine geschlechtliche Unentschiedenheit. Eigentlich ist er ein Mann namens Julio, jedoch nach eigenen Angaben homosexuell, weswegen er sich eigentlich als Julia sieht. Um seinen maskulinen Phänotyp mit seiner femininen Neigung zu vereinen, wählt er das nicht ganz eindeutige @ für seinen Namen, das nach außen ein o repräsentiert, in dessen inneren sich ein a verbirgt, ähnlich, wie Isileko sich fühlt. Dieses sagt er zwar nicht selbst, aber anders lässt sich das @ kaum erklären.

Elías Contreras wird von Subcomandante Marcos nach Mexiko-Stadt geschickt, um Kontakt zu Belascoarán wegen eines Falls aufzunehmen. Marcos hat geheime Unterlagen vom Sohn des kurz zuvor verstorbenen Schriftstellers Manuel Vázquez Montalbán[142] erhalten. Aus ihnen geht hervor, dass ein gewisser Morales in dubiose Geschäfte hinsicht-

---

[141] So stellt er sich jedoch nur vor, weil es in zapatistischen Gebieten keine Detektive gibt, sondern nur eine „comisión de investigación" (Ermittlungskommission). Er gehört einfach zu der zapatistischen freiheits-kämpfenden Organisation und sucht wie ein Detektiv nach dem „Bösen".
[142] M. V. Montalbán war ein spanischer Schriftsteller, der im Jahr 2003 verstarb. Nach eigenen Angaben bezeichnet Taibo Montalban als eines seiner Vorbilder.

lich eines Naturschutzgebietes in der Zapatistenregion verwickelt ist. Unabhängig davon ist Belascoarán zeitgleich mit einem Fall beschäftigt, in dem ein Mann Anrufe seines toten Freundes, Jesús María Alvarado, erhält. Später bekommt auch Belascoarán selbst diese Anrufe. Wie sich herausstellt, ist der Tote ein linker Oppositioneller aus den siebziger Jahren, der von der rechten Regierung, der PRI, umgebracht wurde. Auch hier soll ein gewisser Morales verantwortlich sein, sowohl für den Mord als auch für den Verrat der Zapatisten und viele politische und wirtschaftliche Ungereimtheiten, unter anderem etwa den schmutzigen Krieg Ende der 60er Jahre, für die Korruption oder auch die Ausbeutung der Naturressourcen Mexikos. Die Aufgabe von Belascoarán und Contreras besteht nun darin, zu ermitteln, wer dieser Morales ist, wo er sich aufhält und wie man ihm die Verbrechen nachweisen kann. Zwar lösen die beiden ihre Fälle gemeinsam und am Ende doch jeder für sich, aber das vermeintliche Chaos wird dadurch keineswegs wieder in Ordnung gebracht. Es stellt sich heraus, dass es nicht „Den Morales" gibt, der für all diese Verbrechen verantwortlich ist. Es sind viele Morales, denen die beiden Ermittler auf die Schliche kommen. Zumindest aber findet jeder einen Morales, den er bestrafen kann.

Im Fall von Contreras ist es ein Mann, der zugibt, dass die Regierung ein Stück zapatistisches Naturschutzgebiet privatisieren und verkaufen wollte. Erreicht werden sollte dies, indem bei den Zapatisten ein Problem provoziert wird, um die militärische Besetzung zu rechtfertigen:

> „Unser Plan [...] war, zuerst Drogen anzupflanzen und dann unter diesem Vorwand die Armee dort hineinzuschicken, aber das hat nicht funktioniert [...]. Danach war der Plan, Waldbrände zu legen, aber das hat auch nicht geklappt [...]. Dann war der Plan, einen Konflikt zwischen indigenen Gruppen zu provozieren [...]. Ich war dafür verantwortlich, zu überlegen, wie wir vorgehen könnten [...] und auch noch ein paar Tierchen zu besorgen, die sie im spanischen Königshaus haben wollten."[143]

Mit darin verwickelt ist auch die rechtsextreme El Yunque, die ebenso an dem Verkauf mexikanischen Grundbesitzes verdienen will. Letztendlich ist der von Contreras festgenommene Morales nur ein kleiner Gauner. Verurteilt wird er dennoch zu „zehn Jahren Gemeinschaftsarbeit in den Projekten [...], welche die Juntas der Guten Regierung ihm in verschiedenen autonomen Bezirken zuweisen"[144]. Damit ist der Fall für Contreras abgeschlossen, wenngleich er nur einen kleinen, unbedeutenden Morales erwischt hat.

---

[143] Paco Ignacio Taibo II/ Subcomandante Marcos: *Unbequeme Tote*. Aus dem Spanischen von Miriam Lang. Verlag Assoziation A. Berlin/ Hamburg, 2005. S.214f.
[144] Ebenda, S.218.

Belascoarán kriegt hingegen heraus, dass die Anrufe des Toten von dessen Sohn getätigt wurden. Dieser wollte damit Belascoaráns Aufmerksamkeit auf einen gewissen Morales lenken, der seinen Vater umgebracht hat. Zwar findet Belascoarán nicht den Mörder von Alvarado, aber immerhin den Drahtzieher, der ihn ausspioniert hat und den Mord in Auftrag gegeben hat. Doch auch dieser ist nur ein kleiner Ganove, hinter dem noch viel mächtigere Personen stehen. Anders als Contreras' Morales, erhält dieser eine härtere Strafe. Im Stile eines harten Bullen à la Marlowe stellt Belascoarán ihm im 41. Stock des Treppenhauses im Torre Latinoamericana ein Bein und gibt ihm mit der Schulter einen Stoß. Er fiel „vermutlich sämtliche 41 Stockwerke [...] hinunter, bis auf die Avenida San Juan de Letrán [...]. Bis zur Hölle"[145].

Dass die beiden bestraften Morales nur kleine Fische im großen Meer sind, das von den Haien regiert wird, erklärt, weshalb kein zufriedenstellendes Ende entstehen kann.
Die Aufklärung der Fälle verbessert die Gesamtsituation nicht, denn „die Bedingungen, unter denen das Böse gedeiht" sind noch dieselben wie zuvor.[146] Solange sich an der Basis der mexikanischen Gesellschaft und den Strukturen des Landes nichts ändert, kann das Chaos nicht beseitigt werden. Es gibt zu viele Morales, die noch frei sind und schlechte Taten vollbringen. Was dieser Roman jedoch durchaus schafft, ist die Aufmerksamkeit des Lesers auf die gegenwärtigen Probleme Mexikos zu lenken. Es wird eine Bühne für die weltweite Öffentlichkeit errichtet, auf der das Böse zur Schau gestellt werden kann. Kaum ein anderes Genre schafft es wie der Krimi, ein so breites Publikum für die Konflikte und Schwierigkeiten eines Landes zu interessieren. Doch in solch einem extremen Fall wie diesem droht der Krimi zu einem bloßen Gesellschaftsroman zu werden. Man wird das Gefühl nicht los, dass die Verbrechen in diesem Roman nur Mittel zum Zweck sind. Sie stehen nicht im Mittelpunkt. Die Aufklärung des Falls und Überführung des Täters bilden eigentlich den großen Schlusspunkt. Nicht so in diesem Fall. Natürlich haben wir einen bzw. mehrere Morde. Es wird auch ein bzw. mehrere Täter überführt und deren Motive aufgedeckt. Doch das alles scheint angesichts der großen sozialen und politischen Probleme, unter denen dieses Land leidet, fast schon unwichtig zu sein. Es findet eine derartige Verallgemeinerung des Bösen statt, dass nicht eine einzelne Person als Urheber dessen betrachtet wird, sondern eine ganze Gesellschaft: „Das BÖSE ist das System, und die BÖSEN sind diejenigen, die dem System zu Diensten sind. [...] das BÖSE ist ein Verhältnis, es ist eine Haltung gegenüber dem Anderen. Es ist auch eine Entscheidung. Das BÖSE

---
[145] Ebenda, S.236.
[146] Zeitung der Studierendenschaft der Philosophischen Fakultät der Universität Köln:
http://www.philtrat.de/articles/962/ (Stand: 28.08.2011)

ist, sich für das BÖSE zu entscheiden."[147] So kann von Beginn an keine Ordnung bestehen, von der der Leser ausgehen kann. Chaos ist und Chaos bleibt auch nach der Aufklärung Bestandteil der mexikanischen Welt. Ein Unbehagen verursacht dies im Leser, der sich schlussendlich fragt, wo ein Morales beginnt und wo er aufhört; ob er selbst vielleicht auch ein Morales ist. Dies ist so weit ab von dem, was die ursprünglichen Regeln zum Schreiben von Kriminalliteratur vorgeben, dass die Frage durchaus berechtigt ist, ob das noch ein Kriminalroman ist. Trotz allem meine ich: ja. Denn wir haben einen Detektiv im Stile des harten amerikanischen Private Eyes, der sich selbst (fast) nichts zuschulden kommen lässt. Es gibt darüber hinaus mindestens ein Verbrechen, mindestens einen Täter und die Bestrafung aller Schuldigen sowie die Aufklärung der Verbrechen. Dass dieses nun im Zusammenhang mit politischen und gesellschaftlichen Missständen des Landes steht, die dadurch erst hervorgebracht werden, ist meines Erachtens irrelevant. Dass der Kriminalroman in diesem Fall durch die gesellschaftlichen Probleme determiniert wird, spielt keine Rolle, denn auch politische Verbrechen sind Verbrechen. *Unbequeme Tote* ist ein vor allem auch ein typischer Vertreter lateinamerikanischer Kriminalromane in Hinsicht auf Thematik und Wahl des Ermittlertyps, der sich, auf Grund der geografischen Nähe, an den amerikanischen Beispielen orientiert[148]; stets ein wenig melancholisch, hart gesotten, kompromisslos, dem Alkohol stets sehr nah und mit reichlich charakterlichen Anomalitäten ausgestattet. Allerdings ist es offensichtlich, dass der Roman, wie bereits angesprochen, ein Experiment darstellt, und zwar in vielerlei Hinsicht. Zum einen ist es normalerweise vollkommen ungewöhnlich, zwei gleichwertige Ermittler einzusetzen. Auch die Regeln von Van Dine erfordern, dass es lediglich einen Detektiv geben darf, denn „wenn es mehr als einen Detektiv gibt, weiß der Leser nicht, an wem er seine Schlußfolgerungen orientieren soll. Es ist, als ob der Leser ein Wettrennen gegen eine Staffel austragen sollte"[149]. Letztlich hat in diesem Fall zwar jeder Ermittler seinen eigenen Fall zu lösen, aber bis dies dem Leser ersichtlich wird, dauert es seine Zeit. Solange geht man davon aus, dass sowohl Belascoarán als auch Contreras ein und denselben Morales jagen, weshalb eine teilweise unlogische Informationsflut auf den Leser einstürzt. Diese Form, mit zwei gleichrangigen Detektiven, ist bislang äußerst ungewöhnlich und wird sich wohl auch nicht weiter durchsetzen, da die Gefahr, den roten Faden zu verlieren einfach zu groß ist.

---

[147] Taibo (wie Anm.143). S.53.
[148] Ähnliche Ermittlertypen im lateinamerikanischen Raum sind beispielsweise Kommissar Espinoza in den Romanen von Luiz Alfredo Garcia-Roza (Brasilien), Kommissar Lascano bei Ernesto Mallo (Argentinien) oder Heredia bei Ramón Díaz Eterovic (Chile).
[149] Vogt (wie Anm. 8). S.144.

Wenn schon von den beiden Ermittlern die Rede ist, stößt man bereits auf das nächste Experiment in diesem Roman. Gemeint ist der tote Ich-Erzähler Elías Contreras. Es ist derart außergewöhnlich, dass ein toter Ermittler dem Leser von einem alten Fall berichtet, dass während des gesamten Romans neben der Frage, wer der Mörder ist, die spannende Frage aufrecht erhalten bleibt, weshalb der Rebell und Ermittler Contreras überhaupt tot ist und welchen Grund er hat, die Geschichte mit zu erzählen. Doch auf eine Antwort wartet man hier vergeblich. Mit dem Verbrechen, das er aufgeklärt hat, hängt sein Tod nicht zusammen. Daher lassen sich aus den von ihm gegebenen Informationen nur Vermutungen anstellen. Es wäre naheliegend, dass Contreras bei einem Angriff der mexikanischen Bundesarmee 1995 ums Leben kam.

Diese spärliche Information ist eine der wenigen, die der Leser zum Leben von Contreras vor diesem Fall erhält:

> „Ich war mit ihm [gemeint ist Sub Marcos] und mit dem Major Moisés zusammen, als sie die Panzer auf uns gehetzt haben, die Hubschrauber und die Sondereinheiten von den Soldaten. Es war schon ein bisschen schwer, aber ihr seht ja, sie haben uns nicht geschnappt. Wir haben uns verkrümelt, wie man so schön sagt. Obwohl wir noch tagelang das Tschaka Tschaka von den Hubschraubern gehört haben."[150]

Doch kann das eigentlich nicht sein, weil der Fall im Roman frühestens 2003 situiert sein kann, da in diesem Jahr Montalbán starb, der den Stein der Ermittlungen für Contreras erst ins Rollen brachte. Somit blieben nur noch zwei Möglichkeiten. Entweder stirbt Contreras im Zusammenhang mit den Ermittlungen oder danach, zwischen 2003 und 2005 (Veröffentlichung des Krimis). Da aus der Erzählung des Krimis nicht ersichtlich wird, dass Contreras zu irgendeinem Zeitpunkt stirbt, kann diese Variante allerdings ausgeschlossen werden. Daher bleibt nur die Variante übrig, dass er zwischen 2003 und 2005 starb. Doch wenn er ohne für den Leser nachvollziehbaren Grund stirbt, bleibt die Frage, weshalb er dann überhaupt erwähnt, dass er tot ist und warum er die Geschichte erzählt. Die Antwort könnte lauten: weil es ein Experiment ist, das die Spannung steigern soll. Dass Contreras bereits tot ist und die Geschichte nur noch wiedergibt, also rückblickend erzählt, versetzt ihn in die für ihn schöne Lage, bereits mehr zu wissen als der Leser. Damit brechen Taibo und Marcos allerdings wieder eine der Regeln Van Dines und das sogar mit sichtbar viel Genuss. Denn Contreras zögert in keiner Weise, Dinge anzukündigen, von denen er bereits

---

[150] Taibo (wie Anm. 143), S.7f.

weiß, dass sie noch geschehen, ohne sie jedoch zu nennen. Damit ist er im klaren Wissens- und Erkenntnisvorteil. Einige Beispiele dafür:

> „Wie auch immer, in diesem Roman wird nicht besonders gut gegessen werden..."[151]
>
> „...mir wurde soeben mitgeteilt, dass ich in diesem Roman überhaupt nicht vorkomme, es muss sich also um einen bedauerlichen Irrtum halten, den, wie mir gesagt wurde, die Leute in der Zeitungsredaktion oder Verlag, der das Buch herausbringen wird, klären werden."[152]
>
> „Ich bin nicht der Mörder. [...] Ich stelle das lieber von vornherein klar, um keine Verwirrung zu stiften."[153]
>
> „...vielleicht hat der Sub uns ja aus purer Gemeinheit in diesen Roman gesteckt...."[154]
>
> „Dann sagte ich der Magdalena, sie solle die Hölle betreten, also die Kneipe, die >>Die Hölle<< heißt."[155] [Magdalena stirbt kurz darauf]

Anhand dieser Beispiele sollte ersichtlich werden, dass diese Prolepsen in *Unbequeme Tote* sehr häufig vorkommen. Sie steigern zwar einerseits das Leseinteresse, sorgen andererseits aber auch für einen gewissen Grad der Frustration, da man sich stets benachteiligt fühlt gegenüber Contreras. Eine weitere Besonderheit dieses Romans stellt die direkte Leseransprache dar. Beispiele hierfür bietet der Text in Hülle und Fülle:

> „...vorher noch will ich mich bei euch bedanken, [...] bleibt aufmerksam"[156]
> „...wie ihr gleich sehen werdet, wenn ich es euch erzähl"[157]
> „Gebt nicht allzu viel auf das, was ich sage..."[158]

Mit diesen direkten Ansprachen, von denen ich hier noch weit mehr hätte auswählen können, zieht der Autor den Leser direkt in das Geschehen hinein. So wird die Geschichte nochmal auf eine andere Ebene gebracht. Der Leser wird in die Ermittlungen eingebunden und ständig dazu animiert, aufzupassen und Hinweise aufzugreifen. Es ist fast so, als sei der Leser ein Assistent von Contreras, ein Kollege, ein Watson. Dadurch wird eine größere Intensität der Rezeption erzielt und dadurch noch mehr auf die Probleme aufmerksam gemacht. Bei Belascoarán hingegen finden wir diese Nähe zwischen Leser und Ermittler

---

[151] Ebenda, S.43.
[152] Ebenda, S.40.
[153] Ebenda, S.36.
[154] Taibo (wie Anm. 143), S.43.
[155] Ebenda, S.206.
[156] Ebenda, S.220.
[157] Ebenda, S.44.
[158] Ebenda, S.43.

nicht. Schon durch die personalisierte Erzählweise ist da eine größere Distanz. Das mag aber daran liegen, dass er es als Profi nicht nötig hat, eine Art Assistent zu engagieren. Er ist schon vom Charakter her nicht so zugänglich wie Contreras.

Taibo hat es mit der Montage seiner Texte mit denen von Subcomandante Marcos und dem besonderen vierhändigen Schreibstil geschafft, die Gesellschaftskritik und die politischen Probleme Mexikos für eine breites, gar globales Publikum verständlich zu gestalten. Kaum ein anderer Autor hat es geschafft, den Fokus der Öffentlichkeit mit seinen Romanen so auf die innenpolitischen Schwierigkeiten zu lenken wie er. Er stellt das ganze Ausmaß der politischen Korruption seines Landes sowie das mafiöse System Mexikos dar. Frank Leinen bezeichnet Taibo gar als „eine Art sozialistischer Robin Hood der mexikanischen Literatur", der der „kulturellen Mafia die Freude am nationalliterarischen Eintopf verderben" will.[159] Doch will man *Unbequeme Tote* in seinem ganzen Wesen verstehen, bleibt eine Untersuchung des Raumes nicht aus. Denn er weist gleich mehrere Arten von Räumen auf, die bedeutend sind. Die wichtigsten zwei sollen im nun folgenden Kapitel von zentraler Bedeutung sein.

5.2.2. *Unbequeme Tote*: Erinnerungsraum und das Monstrum Mexiko-Stadt

Elías Contreras berichtet offensichtlich aus dem Jenseits, was er als „Ermittlungskommission" erlebt hat. Da dies bereits in der Vergangenheit liegt, erzählt er allein aus seiner Erinnerung. Die Bedeutung des Raumes spielt hierbei seit jeher eine entscheidende Rolle. Schon die Annahme der Mnemotechniken macht sich den Raum und vor allem auch die Anordnung von Gegenständen in diesem als Gedächtnisstütze zu Nutze. Die Besonderheit in diesem Fall jedoch ist und bleibt der Zustand des Zapatisten, der tot ist und dennoch von alledem berichten kann. Ist es wirklich die reine Erinnerung, aus der Contreras schöpft oder muss er als Toter gar nicht erinnern, sondern hat alles wie einen Lebenslauf vor sich zu liegen und liest ab? Da noch kein Toter wieder auferstanden ist und davon berichten kann, ist es schwierig, das nachzuvollziehen. Das literarische und kulturelle Gedächtnis wird vor allem auch durch Intertextualität gestützt[160], was sich bei *Unbequeme Tote* ebenso zeigt: „Der Sub hat mir das gesagt, nachdem er lang mit einem gewissen Pepe Carvalho

---

[159] Frank Leinen: Paco Ignacio Taibo II und die Mexikanisierung des Kriminalromans. Interkulturelle Spielformen der Nueva Novela Policíaca zwischen Fakt und Fiktion. In: Sabine Lang et al. (Hrsg.): *Miradas entrecruzadas. Diskurse interkultureller Erfahrung und deren literarische Inszenierung*. Vervuert Verlag. Frankfurt am Main, 2002. S.258.
[160] Vgl. Hallet/ Neumann (wie Anm. 69), S.181.

gesprochen hatte, der mit einer Nachricht von Don Manolo Vázquez Montalbán nach La Realidad gekommen war [...]."[161] Hier zeigt sich die Intertextualität als literarisches Gedächtnis, indem der Krimiheld Carvalho des Autors und Vorbilds von Taibo, Montalbán, auftritt und die Handlung los tritt. Die Literatur wirkt somit als Ort des Gedächtnisses. De facto bringt Contreras neben dieser auch seine extraliterarischen Erinnerungen in die Literatur ein und schafft so ein literarisches Gedächtnis für das, was die Menschen damals beschäftigt hat. Die Orte sind dafür besonders relevant, weil sie von großer Langlebigkeit sind und so ihr „Potenzial für das Gedächtnis begründen"[162]. Doch nicht der Ort allein bildet die Grundlage für das Gedächtnis und die Erinnerung. Erst der Ort in Verbindung mit „sinngebenden Erzählungen"[163] stellt eine Funktion für das Gedächtnis dar. Übertragen auf *Unbequeme Tote* bedeutet dies, dass Contreras' Erinnerung erst möglich wird durch die Geschehnisse in Chiapas bzw. zwischenzeitlich auch in Mexiko-Stadt. So entsteht ein Abhängigkeitsverhältnis zwischen Gedächtnis und dem zu memorierenden Raum. Ohne den Raum wäre eine Erinnerung nahezu unmöglich und in diesem Fall sogar unnötig, weil gerade dieser im Zentrum der Aufmerksamkeit steht. Und ohne die Erinnerung gäbe es wohl den Raum in diesem Krimi nicht. Denn erst die Erinnerung von Contreras macht den Raum, sei es Mexiko-Stadt oder die Region Chiapas, zu dem, was er ist und das ist ein Erinnerungsraum. Da jedoch Erinnerungsprozesse stark objektgebunden sind[164], sollte man vorsichtig umgehen mit den Begriffen Fakt und Fiktion. Gerade bei Taibo scheint der Anspruch auf Authentizität im Vergleich zu anderen Krimi-Autoren höher zu sein. Nicht zuletzt die Einbeziehung des Subcomandante Marcos in den Schreibprozess sowie dessen Integration in die Geschichte evozieren im Leser ein Gefühl von absoluter Realitätsnähe. Dabei relativiert sich das allein durch den Fakt, dass Contreras alles aus der Erinnerung heraus berichtet. Hierbei ist es besonders einfach für den Autor bzw. die Autoren Fakt und Fiktion ineinander verschwimmen und dem Leser trotzdem das Gefühl einer Wahrheit zu lassen.[165] In *Unbequeme Tote* wird das sogar auf die Spitze getrieben, indem der Leser gar nicht den Eindruck bekommt, dass es sich um objektgebundene Erinnerungen handelt. Es scheint ein kollektiver Erinnerungsprozess zu passieren, da das Kollektiv, die Gruppe der

---

[161] Taibo (wie Anm. 143), S. 5.
[162] Hallet/ Neumann (wie Anm. 69), S.185.
[163] Hallet/ Neumann (wie Anm. 69), S.186.
[164] Vgl. Ebenda, S.185.
[165] Nicht zuletzt auch dadurch, dass Contreras gleich zu Beginn von einer Stadt Namens La Realidad berichtet, wird dieser Anschein von Realität Aufrecht erhalten und überhaupt erzeugt. Zwar gibt es keine Stadt in Mexiko, die diesen Namen trägt, aber einen Stadtteil in der Stadt Axtla de Terrazas, nördlich von Mexiko-Stadt. Doch ist es durchaus fraglich, weshalb dann nicht die Stadt genannt wird, sondern nur dieser Stadtteil. Es soll offensichtlich der Aspekt des hohen Wahrheitsgehalts forciert und die Fiktion zurückgedrängt werden.

Zapatisten, stets im Vordergrund steht und Contreras ihre Werte vertritt. Zudem scheinen die Zapatisten lediglich zum Wohle ihrer Heimat gegen Korruption und Verbrechen zu kämpfen, sodass der Leser, auch durch die direkte Ansprache durch Elías, sich auf ihre Seite stellt und das von ihm geäußerte als kollektive Gedanken versteht. Doch dem ist nicht so. Allein Contreras gestaltet diesen Erinnerungsraum. Spätestens durch die Sprache wird dies jedem ersichtlich. Denn er verfügt über einen Sprachstil, der nicht nur einfach ist, sondern gar ungebildet wirkt. Da ich zwar lediglich von der Übersetzung aus dem Spanischen ausgehen kann, weil meine Kenntnisse dieser Sprache nicht genügen, um das Original zu verstehen, ist eine sprachliche Analyse jedoch sehr schwierig. Dennoch weist die deutsche Übersetzung der Redeweise von Contreras viele Besonderheiten auf. Sei es, dass er sich stets vorstellt mit „Ich bin Ermittlungskommission" oder „Der Problem", „Der Gedicht" und „Kolleger" sagt. All diese Sachen holen den Leser wieder zurück von seinem Irrglauben, der hier dargestellte Erinnerungsraum könnte kollektiv gestaltet sein. Es ist ein ständiger Wechsel von Fakt und Fiktion, der letztlich dafür sorgt, dass selbst die fiktiven Elemente real erscheinen.

Was vielleicht noch bedeutsamer ist, ist die Tatsache, dass räumliche Oppositionen und Kontrastierungen in der Erinnerung „die Dominanz bestimmter und die Exklusion beziehungsweise Unterdrückung anderer kultureller Erinnerungsräume und der jeweiligen sozialen Gruppen anzeigen"[166]. Das heißt, dass die Erinnerungen Contreras' an die Aussagen von Morales zu den Aneignungsversuchen der Region Chiapas durch die Bundesarmee einen Raum des Kampfes und des Konflikts schaffen. Es ist nicht gesagt, dass es in der Realität jemals so war. Aber genau dieser Eindruck entsteht durch die Erzählhaltung, die Erinnerungsberichterstattung und die Einbeziehung des Rebellenführers Marcos in den Roman. Die angesprochene Dominanz sowie die Unterdrückung bestimmter kultureller Erinnerungsräume sowie deren soziale Gruppen lassen sich problemlos auf die erzählte Geschichte transferieren. Die Dominanz geht ganz klar von Mexiko-Stadt aus, die das politische Machtzentrum Mexikos darstellt, weil hier der Regierungspalast steht und sich das gesellschaftlich und wirtschaftlich bedeutende Leben abspielt. Unterdrückt werden hingegen der sozial schwache Bundesstaat Chiapas und die Rebellen der Zapatisten, die hier ihr Machtzentrum entfaltet haben. Schikaniert und unterdrückt werden sie von der Regierung, also Mexiko-Stadt. Somit entsteht ein starker Konflikt zwischen der Hauptstadt und dem Bundesstaat Chiapas. Die Zapatisten, auch Contreras halten sich nur sehr ungern in Mexiko-Stadt auf, da dort alles anders ist als irgendwo sonst in Mexiko und erst Recht

---

[166] Hallet/ Neumann (wie Anm. 69), S.187.

in Chiapas. Contreras bezeichnet Mexiko-Stadt gar als ein Monstrum. Womit ich neben dem Erinnerungsraum zum zweiten für diesen Roman wichtigen Raum komme, nämlich zur exponierten Stellung von Mexiko-Stadt.

Hierzu sei gesagt, dass, solange von den Schilderungen Contreras' ausgegangen wird, natürlich auch Mexiko-Stadt als Erinnerungsraum zu begreifen ist. Jedoch liegen dem Leser auch Informationen zu dieser Stadt aus Sicht von Belascoarán bzw. dem personalen Erzähler vor. Dadurch kann ein weitaus umfassenderes Bild von der Stadt entstehen. Mexiko-Stadt ist eine der größten Metropolen der Welt. Daher ist der Provinzler Contreras alles andere als begeistert, als er erfährt, dass er für höchstens ein halbes Jahr in diese Stadt reisen muss, um Nachforschungen anzustellen. Von Contreras kann man von vornherein kein positives Stadtbild erwarten und das hat zwei Gründe: Zum einen ist er von seiner Kindheit an in der Provinz groß geworden und kennt das Großstadtleben nicht, wodurch es zu einem Kulturschock kommen muss. Zum anderen ist er Zapatist und soll in die Hochburg der Regierung und Nicht-Zapatisten reisen – er kann im Grunde gar nicht anders, als diese Stadt abzulehnen. Zumal der Sub ihm vor Antritt der Reise mit auf den Weg gibt, dass er „eine Weile damit zubringen würde, die Art von der Stadt anzunehmen"[167]. Der Raum, den diese Metropole im Roman einnimmt, scheint ein absolut geschlossener zu sein, wodurch der Eindruck einer eigenen Welt entsteht, die aber in sich unübersichtlich und groß ist. Der Eindruck wird verstärkt durch die Äußerungen von Belascoarán:

> „Es waren wesentlich mehr, sagte er sich. Wesentlich mehr Fernsehantennen. […]
> Es waren wesentlich mehr als früher, und zweifellos bildeten sie zusammen das Dach eines Urwalds. Des Fernsehantennendschungels von Mexiko-Stadt, eines Dschungels aus Antennen, Strommasten und Pfeilern – Antennen, die mit Baumstämmen verschmolzen, Antennen, die von Dachterrassen aufragten, Antennen, die an Wäscheleinen hingen oder auf Besenstielen gehisst worden waren, glanzvoll und arrogant. Das war der Dschungel von Mexiko-Stadt, mitsamt seinen Bergen, den verdreckten Anhöhen des Ajusco."[168]

Dass Mexiko-Stadt hier mit dem Dschungel in Verbindung gebracht wird, zeigt noch einmal ganz deutlich, wie groß, unübersichtlich, dicht bebaut und bevölkert diese Stadt sein muss. Denn ein Dschungel ist normalerweise gekennzeichnet durch seine Fülle an Bäumen und Pflanzen, übertragen auf Mexiko-Stadt wären das die Häuser; seine Vielzahl an tierischen Bewohnern, in Mexiko-Stadt dementsprechend Menschen, die ebenso wie die Geräusche des Urwalds eine Ohren betäubende Lautstärke verursachen können; sowie seine große Ausbreitung und Unberechenbarkeit. Dort gilt das Gesetz des Stärkeren, only

---

[167] Taibo (wie Anm. 143), S. 5.
[168] Ebenda, S.21.

the fittest survive. Daher verwundert es nicht, dass Belascoarán von der Art ein Stück weit wie die harten Cops der amerikanischen hard-boiled school ist. Er muss sich schließlich durchsetzen können in der „absurdesten Stadt der Welt"[169]. Doch er kennt sie wie seine Westentasche, weil er schon immer in ihr lebte. Er ist Städter und die Stadt sein Revier und daher empfindet er ein „unendliches Gefühl von Liebe für diese mutierende Stadt"[170].

Anders ergeht es da Contreras. Für ihn ist diese Stadt zunächst ein ungewöhnlicher Ort:

> „Ich bin also ins Monstrum gefahren. [...] Und es stimmt, [...] sie hat einen Haufen Antennen, [...] die auf den Köpfen der Häuser sitzen. Als wir schon näher dran waren, hab ich gesehen, dass die Stadt außer Antennen auch Leute hat, viele Leute. Ich hab nicht gezählt, aber mir scheint, es gab mehr Leute als Antennen. [...] Hier kann ich feststellen, wo dieses oder jenes Dorf liegt, indem ich mir die Bäume anschaue. Ich dachte, die Leute von der Stadt haben bestimmt auch ihre Art, und dass sie, indem sie die Antennen anschauen, feststellen, wo dieses oder jenes Haus liegt. Später hab ich herausgefunden, [...] dass sie Straßen mit Namen und Nummern haben, und nachher gab es auch noch hohe Häuser, sehr hohe…"[171]

Man mag beinahe den Eindruck haben, Contreras komme aus dem Dschungel zum ersten Mal in die Zivilisation. Dabei scheint er in diesem Fall wohl eher aus der übersichtlichen Zivilisation in den Dschungel zu geraten. So zumindest scheint es, wenn man folgendes liest:

> „Im Monstrum gibt es kleine Häuser und große Häuser, hohe und niedrige, dicke und dünne, reiche und arme. Das heißt, genau wie die Leute, nur eben ohne Herz. Im Monstrum sind die Autos und Häuser das Wichtigste, also haben sie die Leute nach unten geschickt, in die Metro. Wenn die Leute oben herumlaufen, werden die Autos irgendwie zornig und wollen die Leute auf die Hörner nehmen, als wären sie männliche Rinder, also Stiere oder Ochsen."[172]

Dass Contreras Mexiko-Stadt als Monstrum bezeichnet, liegt nicht nur daran, dass er das vom Sub so übernommen hat. Aus meiner Sicht kennzeichnet es die extreme Distanz, die er zu der Stadt aufgebaut hat und beibehalten will. Es ist ein Ausdruck von Antipathie, wenn nicht sogar Abscheu und Ekel, in jedem Fall von stringenter Ablehnung; nicht nur von der Stadt selbst, sondern auch von allem, was sie verkörpert und wofür sie steht. Dazu gehören die Menschen, der Kapitalismus, die Zerstörung des Natürlichen und der Natur,

---

[169] Ebenda, S.22.
[170] Ebenda, S.33.
[171] Taibo (wie Anm. 143), S.60.
[172] Ebenda, S.82.

die Korruption, die Verbrechen sowie das, was all dieses in sich vereint: die Regierung oder besser die schlechte Regierung.[173]

Somit treffen in Person von Belascoarán und Contreras zwei Welten aufeinander, wie sie verschiedener nicht sein könnten. Und doch verfolgen sie das gleiche Ziel. Das Böse soll bekämpft werden. Dass dieses Aufeinandertreffen und die zeitweilige Zusammenarbeit in Mexiko-Stadt stattfinden, ist bezeichnend. Da Contreras mit der Bezeichnung der Stadt als Monstrum dieser zugleich eine Verkörperung verleiht, ist bereits sie als das Böse an sich zu begreifen. Wenn er die Häuser als Köpfe und die Antennen als Hüte bezeichnet, so untermauert das die Metaphorisierung der Stadt als Körper nur noch mehr. Die Stadt als Monstrum ist böse und in ihr reift nur Böses heran. Also muss das Böse an der Wurzel angegriffen werden, damit man es nachhaltig bekämpfen kann. Das geht nicht von Chiapas aus, sondern nur direkt im Monstrum. Doch, wie sich am Ende herausstellt, braucht es noch viel mehr, als nur zwei Ermittler, die jeder einen Morales ergreifen und bestrafen. Das Böse kann so nicht vertrieben werden, weshalb ein beständiges Chaos, ausgehend von Mexiko-Stadt, bestehen bleibt. Diese Stadt ist also als Verkörperung alles Schlechten zu verstehen. Daher erhält sie auch diese exponierte Stellung im Roman. Sie ist die zentrale Anlaufstelle, wenn ein Morales in diesem Land gesucht wird, denn in ihr keimt das Böse und weitet sich auf das ganze Land aus. Egal, ob PAN, PRI oder El Yunque, der Ursprung allen Übels ist die Hauptstadt Mexikos, das Monstrum.

---

[173] Contreras besteht auf eine Trennung zwischen guter Regierung und schlechter Regierung. Die schlechte Regierung sitzt in Mexiko-Stadt und ist an der Macht, unabhängig davon, ob es die PRI oder die PAN ist. Die gute Regierung herrscht in autonomen Bezirken Mexikos und ist nicht offiziell als Regierung zu bezeichnen. Es sind eher rebellische Juntas in den Zapatistenhochburgen, vor allem in Chiapas.

5.3. Afrika

Afrika ist wahrscheinlich in dieser Studie der Kontinent, der im Zusammenhang mit Kriminalliteratur am exotischsten erscheint. In Bezug auf den ghanaischen Krimi *Die Spur des Bienenfressers* mag das sogar stimmen. Es ist mit Sicherheit etwas befremdlich, über dieses Genre in Afrika zu reden, wenn man bedenkt, dass Afrika neben Asien die höchste Analphabetisierungsrate der Welt hat. Doch finden wir beispielsweise in Südafrika mittlerweile eine immer stärker wachsende Krimilandschaft. Auch Kenia, Marokko, Algerien oder Ghana werden immer beliebtere Schauplätze für Kriminalliteratur. Jedoch finden wir hier noch viel häufiger als in Europa, den USA oder in Lateinamerika neben den nativen auch ausländische Autoren, die Afrika lediglich als Ort des Geschehens wählen. Dies kann dann entweder mit europäischen Ermittlern geschehen, die lediglich aus diversen Gründen nach Afrika kommen[174] oder auch mit komplettem Setting und Ermittlerteam aus dem jeweiligen Land[175]. Auch den umgekehrten Fall gibt es durchaus. Etwa bei Driss Chraibi und seinem Inspektor Ali, der aus Marokko kommt und im englischen Cambridge auf skurrile Weise ermittelt. Doch dies soll in diesem Abschnitt der Untersuchung keine weitere Rolle spielen, da hier nur relevant ist, was auf afrikanischem Boden geschieht.

Mit Afrika haben die Autoren von Kriminalliteratur ein noch nahezu unausgeschöpftes Milieu erschlossen. Das liegt vor allem auch daran, dass Afrika in weiten Teilen noch von Vorurteilen aus der westlichen Welt geprägt ist, aber natürlich auch eine große Menge zu bieten hat, was etwa Europa oder die USA nicht haben. Auf kaum einem anderen Kontinent leben die Menschen in solch armen Verhältnissen wie hier. Daher ist Bildung, vor allem in den ländlichen Gegenden, Mangelware. Dies hat zur Folge, dass in Afrika in weiten Teilen noch großer Aberglaube und Mythen das Leben der Menschen beherrschen. Auch die kreolische Religion des Voodoo kommt hier nicht selten vor. Damit bietet dieser Kontinent dem Krimi-Autor völlig neue Möglichkeiten der Gestaltung von Kriminalgeschichten, sowohl landschaftlich als auch inhaltlich. Die Gesetze, Normen und Werte der modernen Welt sind hier oftmals außer Kraft gesetzt, wodurch sich teilweise komplett neue Regeln für den Krimi ergeben. Auf der anderen Seite bietet Afrika aber auch das Gegenteil von Naturbelassenheit und Voodoo-Kult. Seit mehreren Jahren hat nämlich eine

---

[174] z.B. bei Lena Blaudez und ihren beiden Ada-Simon-Krimis oder auch bei Dorothy Gilman, deren Mrs. Pollifax ebenfalls unter anderem nach Uganda reist.
[175] z.B. bei Yasmina Khadra und ihrem Kommissar Brahim Llob in Algerien oder auch bei Pepetela, dessen Jaime Bunda (ein Anti-James-Bond) in Angola seine Ermittlungen anstellt.

verstärkte Urbanisierung eingesetzt[176], die mehrere Folgeerscheinungen nach sich zieht. Zum einen hat der Kampf gegen die Analphabetisierung größere Erfolge erzielen können, da die Möglichkeiten in der Stadt schlichtweg besser sind. Dadurch, dass mehr Afrikaner lesen können, wird auch mehr Literatur und damit mehr Kriminalliteratur rezipiert. Daraus wiederum ist der bessere Absatzmarkt für inländische Kriminalromane entstanden und die Aufmerksamkeit des Auslands stieg ebenso. Zum anderen hat diese Urbanisierung jedoch auch mindestens eine negative Folge: die wachsende Armut. Viele Menschen kommen vom Land in die Stadt, weil sie sich eine bessere Zukunft mit lohnenswerterer Arbeit als bisher erhoffen. Doch weil das sehr viele denken und die Qualifikation dieser Ackerbauern und Viehhirten zu gering ist, enden sie meist arbeitslos am Rande einer Großstadt in den Slums. Dort ist die Kriminalität in der Regel sehr hoch, was ebenso als Krimistoff verarbeitet wurde, etwa bei Roger Smiths *Kap der Finsternis*, worauf ich unter Punkt 5.3.3. noch zu sprechen komme. Weil jedoch viele der Menschen, die lesen können, sich in die dargestellten Welten der Kriminalromane hineinversetzen und identifizieren können, erfreut sich dieses Genre einer immer größeren Beliebtheit in Afrika.

Formal ist der Krimi in den afrikanischen Ländern stark angelehnt an europäische Muster, was bedingt durch die lange Kolonialisierung auch nur allzu verständlich ist. Hauptsächlich erscheinen daher die Krimis in den Kolonialsprachen Englisch, Französisch und Portugiesisch.[177] Jedoch erscheinen gerade in den letzten Jahren, etwa seit den 90er Jahren[178], auch mehr und mehr Krimis in den Muttersprachen der jeweiligen Länder und Völker Afrikas, wie z.B. *Der Geisterwald der Ahnen* von Muhammed Said Abdulla, das in Swahili veröffentlicht wurde oder auch die Krimis von Deon Meyer, die er in Afrikaans publiziert. Doch wie Thomas Wörtche richtig feststellt, gibt es außerhalb Afrikas keinen überragend großen Markt für afrikanische Krimis und die Produktion „wird umso schmaler, je weiter man von den Rändern ins Innere des Kontinents vordringt"[179]. Wörtche spricht hierbei von einer „kontinentalen Rezeptionsbarriere", die auf Grund stereotyper Vorstellungen der Leser entsteht. Er lässt hierzu eine Frage unbeantwortet im Raum stehen und das ist die, ob wir Europäer bzw. Nicht-Afrikaner einfach nichts von einem Afrika wissen wollen, das im Gewand der Kriminalliteratur daher kommt, weil wir die unbequemen Themen nicht behandeln wollen. Dazu gehören Themen wie die Rassenproblematik,

---

[176] Vgl. Arnold/Schmidt (wie Anm. 21). S.399.
[177] Vgl. Wörtche (wie Anm. 79), S.13.
[178] Es gab bereits vor den 90er Jahren Krimis in den Landessprachen. Ungefähr seit Ende der 60er Jahre werden Kriminalromane in afrikanischen Sprachen publiziert, z.B. in der Yoruba-Sprache oder der Ewe-Sprache, doch war es damals noch nicht so selbstverständlich, wie es heute der Fall ist.
Vgl. Arnold/Schmidt (wie Anm. 21), S.399.
[179] Wörtche (wie Anm. 79), S.13.

die in der Apartheid ihren Höhepunkt erreichte, oder auch traditionelle Verfahren wie die brutale Beschneidung der Genitalien bei Mädchen oder hohe Vergewaltigungs- und AIDS-Problematik. All diese Themen verwischen beim Nicht-Afrikaner das Bild des wilden, urigen Afrikas mit seiner Tier- und Pflanzenwelt und der „nette[n] dicke[n] Mama aus Botswana"[180], die mit ihrem Stamm in Rundhütten in völliger Eintracht mit der Natur lebt. Meines Erachtens ist jedoch nicht dies die Problematik, die sich bei der ungenügenden Rezeption afrikanischer Krimis darstellt. Zum einen sehe ich ein grundsätzliches Widerstreben der Menschen in der Beschäftigung mit Problemen anderer Menschen und gar Völker. Schließlich hat doch jeder genügend eigene Probleme mit sich herumzutragen, ganz zu schweigen von den übergeordneten staatlichen Schwierigkeiten wie der Kriminalität oder der Armut, mit denen man sich, medialer Berichterstattung sei Dank, täglich zusätzlich belastet sieht. Zum anderen mag es durchaus dem Reiseverhalten der westlichen Zivilisation geschuldet sein, dass afrikanische Themen dem Europäer eher ein desinteressiertes Schulterzucken abringen. Zwar wächst der Afrika-Tourismus schon seit langem. Jedoch nutzen auch heute noch viele ihre Handtücher lieber zur Reservierung spanischer, dominikanischer, thailändischer oder maledivischer Liegen, als etwa Urlaub am Matemwe-Strand in Tansania oder am Axim-Beach in Ghana zu machen. Die vielen wirtschaftlichen, politischen und sozialen Probleme dieses Kontinents schrecken so letztlich nicht nur von einer Reise dorthin ab. Sondern in der Folge auch von der Beschäftigung mit den dortigen Themen. Was interessiert mich ein Mord bei den Ashanti, Ewe oder Fanti, wenn ich all diese Stämme nicht kenne? Daher sehe ich durchaus wie Wörtche eine Rezeptionsbarriere; jedoch nicht, weil wir Europäer nicht mit unbequemen Themen umgehen wollen oder Themen, die unseren Wertevorstellungen nicht entsprechen. Ich sehe das Problem eher in einer grundsätzlichen Haltung und Unwissenheit über den Kontinent. Weil wir nicht viel über den Kontinent wissen, interessieren uns seine Probleme nicht. Doch gerade, weil uns seine Probleme nicht interessieren, wissen wir wiederum nicht viel. So entsteht ein Kreislauf des Desinteresses, aus dem auszubrechen viele Kriminalroman-Autoren uns Europäer zu bewegen versuchen.

Weil die Kriminalliteratur dieses Kontinents noch relativ wenig untersucht wurde, ist es mir ein Anliegen, dies in diesem Buch fortzusetzen. Welche Krimi-Traditionen hier zu Grunde liegen und in welchem Umfang sowie die Rolle des Raumes in den Krimis möchte ich auf den folgenden Seiten noch etwas näher anhand der ausgewählten Romane von Nii Parkes und Roger Smith analysieren.

---

[180] Ebenda, S.14.

5.3.1. Ghana am Beispiel von Nii Parkes' *Die Spur des Bienenfressers*

Charles Percy Snow postulierte einst die These der „Zwei Kulturen". Auch in *Die Spur des Bienenfressers* werden wir erkennen, dass zwei Kulturen aufeinander treffen. Allerdings in anderer Weise als bei Snow. Während es ihm nämlich um die scheinbare Unüberbrückbarkeit der Differenzen zwischen den Geistes- und Naturwissenschaften geht, treffen in Nii Parkes' Krimi die Welt, die wir als modern, westlich und zivilisiert beschreiben und die natürliche, wilde, traditionell-afrikanische Welt aufeinander. Technik trifft auf Natur, Polizeichef auf Dorfältesten und gesetzliche Vorschriften auf Naturgesetze.

Diese Gegensätze vereinen sich in diesem und weiteren Kriminalromanen, deren Schauplatz Ghana ist. So findet man zum Beispiel auch in Kwei Quarteys Krimi *Trokosi* (2009) den westlich orientierten Ermittler Darko Dawson aus Ghanas Hauptstadt Accra, der in einem Fall ermittelt, der so gar nicht mit westlichen Wertevorstellungen korrespondiert. Hier, wie auch in *Die Spur des Bienenfressers*, steht Accra für weit mehr als nur eine Stadt. Wie keine andere ghanaische Stadt steht sie für Modernität, Fortschritt und Globalisierung, nicht zuletzt auch wegen der westlichen Einflüsse aus der Zeit der über hundertjährigen kolonialen Besetzung durch England. Doch auch in dieser Zeit gab es stets ein kontrastives Verhältnis zwischen dem westlich beeinflussten Küstenabschnitt, dessen Zentrum Accra bildet, und dem traditionellen Hinterland.

Diese Kontrastivität findet sich auch im Autor Nii Parkes wieder. Er selbst sagt über sich: „Der Roman *Die Spur des Bienenfressers* bringt mein doppeltes Erbe zum Ausdruck: In beiden Welten bin ich zu Hause und auch Fremder."[181] Damit meint er zwar seine Tätigkeiten in den Bereichen Prosa und Lyrik. Allerdings könnte das ebenso gut auf seine Herkunft referieren. Parkes ist als Sohn ghanaischer Eltern in England geboren, jedoch in Ghana aufgewachsen, ehe es ihn zum Studium wieder ins Vereinigte Königreich zog. Heute lebt er sowohl in London als auch in Accra.[182] Damit vereint Parkes in sich die kulturelle Vielfalt und Tradition seiner afrikanischen Heimat mit der westlichen Rationalität und Modernität seines Geburts- und Studienortes. Dies wiederum lässt seinen Krimi sowie dessen Figuren glaubhafter und authentischer wirken.

---

[181] Nii Parkes: *Die Spur des Bienenfressers*. Übersetzung von Uta Goridis. Unionsverlag. Zürich, 2010. S.219.
[182] http://www.krimi-couch.de/krimis/nii-parkes.html (Stand: 28.08.2011)

Parkes kennt beide Seiten. Deshalb gibt es in seinem bislang einzigen Kriminalroman zwei Erzähler und unterschiedliche Positionen, die diese vertreten. Auf der einen Seite ist das der ghanaische Dorfbewohner Opanyin Poku, der aus der Ich-Perspektive berichtet. Auf der anderen Seite gibt es einen personalen Erzähler, der vom Leben und den Ermittlungen Kayo Odamttens berichtet. Eigentlich heißt er Kwadwo Okai Odamtten. Er wird jedoch von den meisten, vor allem in Accra und erst Recht während seines Studiums in England, Kayo genannt, weil der richtige Name für „westliche Zungen" unaussprechbar sein soll. Die indigenen Bewohner am Tatort, dem Dorf Sonokrom, nennen ihn jedoch Kwadwo Okai, weil Kayo für sie wiederum unaussprechbar ist. Auch hier offenbart sich bereits wieder das Aufeinanderstoßen zweier Welten. Es ist zwar für den Leser scheinbar bloß das Ausspracheproblem eines Namens. Doch schaut man einmal genauer hin, stellt man fest, dass auch hier nicht nur die Unfähigkeit der Aussprache auf Grund kultureller Unterschiede dahinter steckt.

Es ist meines Erachtens vielmehr eine Ablehnungshaltung von beiden Seiten zu erkennen. Die westliche Welt lehnt es ab, einen offenbar zungenbrecherischen afrikanischen Namen auszusprechen, während es auf der Gegenseite ähnlich aussieht. Allerdings liegen hier meiner Meinung nach völlig unterschiedliche Motive vor. Während die Menschen der westlichen Zivilisation sich und ihre Normen für fortschrittlicher, weiterentwickelter und maßgebend erachten, ziehen sie es vor, etwas Fremdes, das aus einem geringer entwickelten Land kommt, abzulehnen und umzubenennen. Es schimmert fast schon wieder eine Art moderner Kolonialismus durch, nur auf der Benennungsebene und nicht im territorialen Sinn, eine Art Etikettierungskolonialismus. Schließlich steht fast nichts auf der Welt fester als ein Name und der verlangt Respekt, weil man damit seinem Besitzer jenen zollt. Erreicht wird das, indem man ihn richtig schreibt und ausspricht. Wird Kwadwo Okai Odamtten also in England und dem postkolonial geprägten Accra Kayo genannt, so zeugt das von einer Missachtung seiner ghanaischen Wurzeln.[183] Das lässt aus meiner Sicht keinen anderen Schluss zu, als dass dieses Verhalten eine koloniale Ausdruckshaltung darstellt und damit ein generelles Problem der ghanaischen Historie repräsentiert. Die indigene Dorfgemeinschaft Sonokroms hingegen hat einen guten Grund, ihn nicht Kayo zu nennen, sondern bei seinem ghanaischen Namen zu rufen.

Die Dorfbewohner sehen schlichtweg keinen Sinn darin, ihn anders zu nennen. Überheblichkeit und Unterwerfungsdenken kommen hier nicht zum Tragen. Als Kayo sich Opanyin

---

[183] Wären es vielleicht nur Freunde, die ihn Kayo nannten, wäre von einer solchen Annahme durchaus abzusehen. Jedoch wird er von jedem westlich geprägten Menschen im Roman so genannt.

Poku vorstellt und dieser weiß, dass er ihn sowohl Kayo als auch Kwadwo nennen kann, sagt er: „Dann nenn ich Sie Kwadwo."[184] Hier spielt hauptsächlich die für die indigenen Dorfbewohner leichtere Aussprache eine Rolle. Im weiteren Verlauf stellt sich zwar zudem heraus, dass moderne, westliche Vorstellungen in diesem Dorf keine Bedeutung haben. Jedoch waren zur Kolonialzeit die Dörfer weniger stark von Unterwerfung betroffen als die Ballungszentren rund um die Städte, weshalb eine Ablehnung westlicher Werte bei der Benennung Kayos als Kwadwo wohl eher keine Rolle gespielt haben dürfte.

Zumal Sonokrom sich seit Jahrhunderten kaum verändert hat. Hier wird noch Palmwein mit aphrodisierender Wirkung getrunken und mit den Geistern der Vorfahren gewandelt. Es ist anscheinend ein Ort ohne Vorurteile. Fremde sind willkommen, solange sie die Regeln und Sitten des Dorfes beachten. Genau das tut die Polizei jedoch nicht, nachdem die Geliebte eines Ministers, als sie der Spur eines blau gefiederten Bienenfressers[185] folgte, in der Hütte des spurlos verschwundenen Dorfbewohners Kofi Atta eine zunächst nicht zu identifizierende, schwarz-rote, knochenlose Masse verwesenden Fleisches gefunden hat, die sich auch noch leicht bewegt. Normalerweise wäre so etwas im Dickicht des Waldes nicht weiter beachtet worden. Da jedoch die Freundin des Ministers involviert ist, wird die Polizei einbezogen. Autoritär und ohne Achtung vor den Regeln der ländlichen Gemeinschaft will diese von den Bewohnern wissen, worum es sich bei dieser Masse handelt. Die Sonokromer, vor allem Opanyin Poku als Dorfältester, sind nicht bereit zu kooperieren, solange die Polizei sich respektlos verhält: „Ah, dachte ich, der Mann hat entweder keinen Respekt, oder er sieht mir meine vierundsiebzig Jahre nicht an [...]. Kaut Erdnüsse, während er mit mir redet! Ich sagte nichts."[186] Somit entsteht ein Kreislauf der Respektlosigkeit, denn durch das forsche Auftreten wirken die Polizisten aus Accra respektlos auf die Einwohner Sonokroms. Diese wiederum erwecken bei der Polizei den Anschein von Respektlosigkeit, weil sie nicht kooperieren. Dadurch entstand bereits im Vorfeld dieses Kriminalfalls ein Konflikt, der nicht zu enden scheint. Schließlich wird Kayo als einer der besten Forensiker Ghanas unter Gefängnisandrohung dazu gezwungen, seinen Job in einem Labor zu kündigen und sich diesem Fall zu widmen. Dazu bringt ihn der Polizeichef P.J. Donkor, dem bei der Aufklärung des Falls ein Karrieresprung winkt.

Donkor giert nach Macht und steht weit über dem Gesetz – er ist das Gesetz. Daher verkündet er dem Minister schon bevor Kayo mit seinen Untersuchungen begonnen hat,

---

[184] Parkes (wie Anm. 181), S.80.
[185] Der Bienenfresser ist ein in der Regel farbenfroh gefiederter Vogel, der in Afrika, aber auch in Süd- und Südosteuropa weit verbreitet ist. Weil er Bienen und andere Insekten frisst, wird er in Afrika sehr verehrt.
[186] Parkes (wie Anm 181), S.12.

dass der Fall so gut wie geklärt sei und der Presse innerhalb einer Woche mitgeteilt würde, wer oder was dahinter stecke. Das allein würde Kayo bereits stark unter Druck setzen. Doch Donkor will nicht nur einen umfassenden Bericht. Er will einen „richtigen Bericht im CSI-Stil für den Minister"[187] mit viel Aufsehen und im besten Fall internationaler Verwicklung. Kayo lässt sich darauf ein, weil ihm im Gegenzug ein gut bezahlter Job mit Führungsverantwortung in der forensischen Abteilung der Polizei angeboten und seiner Forderung nach einer Vergütung in Höhe von sechs Monatsgehältern für diesen Fall nachgegeben wird. Als er schließlich am Tatort eintrifft, erarbeitet er sich durch korrektes Verhalten den Respekt der Dorfbewohner. Er ist höflich, bittet den Häuptling, mit den Bewohnern sprechen zu dürfen und hält sich an die Regeln und Gepflogenheiten auf dem Lande. Es scheint, als wäre Kayo einer von ihnen. Nachdem Kayo dem Fundort Beweise und der Masse selbst Gewebeproben entnommen hat, musste sie umgehend verbrannt werden, da sie im ganzen Dorf beißenden Gestank verbreitet. Bei den Laboruntersuchungen stellt sich heraus, dass sie menschliche DNA aufweist, später sogar noch, dass es die DNA von Kwaku Ananse ist.

Einzig über die allabendlichen Erzählungen von Opanyin Poku erfährt Kayo bei reichlich Palmwein schließlich, wer das ist und wie er starb und zu diesem Fleischbrei wurde. Ananse war einst ein Bewohner des Dorfes, hatte Frau und eine Tochter, Mensisi. Bei der Geburt Mensisis verstarb seine Frau jedoch, was ihn in eine tiefe Lebenskrise stürzte. Seine Tochter lebte fortan bei Yaa Somu, Ananses Schwiegermutter, weil er nicht mehr in der Lage dazu war, sich zu kümmern. Nach Monaten der Trauer besann er sich jedoch und nahm seine Tochter wieder zu sich und baute eine unnatürlich nahe Beziehung zu ihr auf. Nur tagsüber, wenn er auf der Kakaoplantage ist, behütet Yaa Somu Mensisi noch. Als die Kleine eines Tages im Wald verschwindet, weil sie Xylophongeräuschen folgte, gerät Ananse außer sich vor Wut und verprügelt und tritt sie, als er sie findet. Yaa Somu verflucht ihn daraufhin: „Wenn du sie je wieder so schlägst, bring ich dich um. Und wenn ich nicht mehr da bin, wirst du, wenn sie schwanger wird, dafür büßen. Ich verfluche dich im Namen aller meiner Vorfahren. [...] Ich verfluche dich!"[188] Spätestens ab diesem Zeitpunkt beginnt die Kriminalgeschichte ihren ganz eigenen, afrikanischen Stil zu entfalten. Bei der Ermittlung muss die rational analysierende Forensik mit Magie und Fluch gekoppelt werden. Kayo fällt es zunächst sichtlich schwer, all das zu glauben. Noch schwerer wird es für ihn, daraus einen glaubwürdigen „CSI-Bericht" mit internationaler Tragweite

---
[187] Ebenda, S.72.
[188] Parkes (wie Anm 181), S.137.

zu kreieren, wie es Donkor fordert. Denn westliche Denkweise und Rationalität verlieren hier ihre Wirkung.

Kayo vernimmt schließlich selbst in der Nacht die Xylophonklänge und beginnt, an den Fluch zu glauben. Mensisi verliebte sich schließlich, zog in die Stadt und wurde insgesamt dreimal schwanger von einem James. Nachdem sie jedes Mal ins Dorf zurückkehrte und ihr Vater – jedes Mal kranker als zuvor – sie übel zurichtete, erlitt Mensisi drei Fehlgeburten im Wald, drei Jungen wären es geworden. Und der Fluch von Yaa Somu traf Ananse von dem Moment an, als er seine Tochter das erste Mal schlug und die erste Fehlgeburt verschuldete: „Kwaku Ananses Strafe sei, dass er immer jünger würde, aber den Verstand eines Erwachsenen hätte, um zu begreifen, was es heißt, jemandem ausgeliefert zu sein. Jedes Mal, wenn ein Junge zurückkam, würde er zwölf Jahre und auch immer mehr an Gewicht verlieren."[189] So kam schließlich ein fehlgeborener Junge nach dem Anderen aus dem Wald und war stärker und gesünder als der Vorige, während Ananse am Ende nur noch eine stinkende Fleischmasse bei vollem Verstand ist. Somit wurde er auch bei lebendigem Leib verbrannt, nachdem Kayo das Gewebe entnommen hatte. Am Ende stellt sich zudem heraus, dass Kwaku Ananse in Wirklichkeit Kofi Atta und damit Opanyins Verwandter ist. Jedoch gibt Opanyin dies nur bedingt zu: „Die Geschichte, die wir eben gehört haben, sie ist wahr? Ist das die Geschichte von Kofi Atta? […] Für Sie ist das vielleicht die Geschichte, die Sie brauchen. Aber ob es die Wahrheit ist, kann ich nicht sagen. Ich habe einfach nur erzählt. Man muss sich auf dieser Welt genau überlegen, welche Geschichte man erzählt, denn davon hängt vieles ab."[190]

Für Donkor und die Öffentlichkeit fertigt Kayo jedoch einen Bericht an, wie er gefordert wurde – im „CSI-Stil". Demnach wurde Kofi Atta von Männern aus der Elfenbeinküste getötet, da er deren Verwandte, die mit ihm liiert war, mehrfach geschlagen haben soll. Danach soll einer der Ivorer Attas Lunge zurück in dessen Hütte gelegt und mit Urin entweiht haben. Somit steht die ghanaische Polizei in einem guten Licht da, wie die Rede Donkors vor der Presse illustriert: „Ein Mordfall mit internationalen Verwicklungen wurde in Rekordzeit gelöst – in weniger als einer Woche nach der ersten Meldung. Ghanas Polizei schlägt ein neues Kapitel ihrer Geschichte auf."[191] Als Donkor auf der Rückfahrt in die Stadt Kayo den neuen Arbeitsplatz zusichert, lehnt dieser ab. Daraufhin will Donkor ihn erschießen, weil dieser schon zu viel von der großen internationalen Mordlüge weiß, doch

---

[189] Ebenda, S.185.
[190] Parkes (wie Anm 181), S.189.
[191] Ebenda, S.204.

im Revolver sind keine Patronen. Kayo flieht durch den Regenwald nach Sonokrom und kehrt dorthin seitdem regelmäßig zurück.

Dieser Krimi ist definitiv kein typischer Vertreter seines Genres. Vor allem bricht er mit Van Dines Regeln, dass das Verbrechen mit „rein naturalistischen Mitteln aufgeklärt werden" und „die Mordmethode und die Mittel ihrer Aufdeckung […] rational und wissenschaftlich sein" müssen. Hinzu kommt, dass der klassische Ermittler wegfällt und durch einen Forensiker ersetzt wird. Auch in Folge dieser Tatsache musste Parkes die Suche nach dem Täter komplett umgestalten. Statt dem üblichen Whodunit stellt sich in diesem Krimi eher die Frage nach einem Who-or-What-was-it, wenn wir im Krimi-Jargon bleiben wollen. Da der Forensiker Kayo nämlich eigentlich nichts mit der Tätersuche zu tun hat, ist dies bei seinen Ermittlungen völlig irrelevant. Im Verlauf des Romans drängt sich bei aller Magie und bei allem Diesseits-Jenseits-Diskurs nur noch die Frage auf, wer oder was das undefinierbare Stück Fleisch war. Der innere Drang, einen Täter finden zu wollen und ihn zu bestrafen, um ein möglicherweise entstandenes Chaos wieder in Ordnung zu bringen, stellt sich nicht ein. Wenn man es so sehen möchte, ist Kofi Atta, respektive Kwaku Ananse ein Täter. Er misshandelt seine Tochter grundlos in schlimmster Art und Weise. Zudem ist er auf gewisse Art ein Mörder. Schließlich erleidet Mensisi durch seine Misshandlung drei Fehlgeburten. Doch ergibt das ein Chaos? Normalerweise schon. Allerdings ist das Chaos, das den Roman bestimmt nicht dieses, sondern die fleischige Masse. Der Leser empfindet hier zunächst ein Gefühl von Ungerechtigkeit. Es wurde offensichtlich jemand getötet, dessen Mörder zur Strecke gebracht werden muss. Doch als sich herausstellt, dass die Masse Ananse bzw. Atta ist, bringt sein Tod, in Gestalt dieser Fleischmasse, die Ordnung wieder zurück. Somit sorgt Kofi Atta selbst dafür, dass das von ihm verursachte Chaos wieder geordnet wird, indem er seine Tochter schlägt und den Fluch aktiviert.

Weiterhin ungewöhnlich ist, dass die Strafe weder durch das Eingreifen der Polizei noch durch Suizid geschieht. Eine einfache Frau, die einen Fluch ausspricht, verhängt die Strafe. Ein Fluch als Strafe – damit kommt der Roman einem fantastischen Krimi oder einer conte fantastique schon sehr nahe. So etwas kann eigentlich auch nur in einem afrikanischen Land funktionieren; auf einem Kontinent, der nach wie vor von Mythen, Magie und Medizinmännern dominiert wird. Doch der Raum, den dieser Krimi offenbart, ermöglicht auch noch andere Deutungsweisen, wie das folgende Kapitel zeigen wird.

5.3.2. *Die Spur des Bienenfressers*: Öffentlicher und privater Raum

Sprechen wir in *Die Spur des Bienenfressers* von öffentlichem und privatem Raum, so muss man noch einmal differenzieren. Denn wir finden ein Verhältnis von öffentlichem und privatem Raum sowohl zwischen Accra und Sonokrom als auch innerhalb der Dorfgemeinschaft selbst.

Doch gehen wir zunächst einmal auf das Verhältnis von Accra und Sonokrom ein. Sonokrom wird dem Leser als in sich geschlossener, homogener Raum präsentiert. Es scheint, als habe das Dorf seine eigenen Regeln und eine etwas andere ghanaische Geschichte erlebt als Accra. Hier gibt es keine Technik, keine Korruption und keine Politik. Die Zeit scheint still zu stehen. Der Eindruck einer privaten Gemeinschaft wird zudem noch vertieft durch den Fakt, dass das Dorf vollkommen vom Wald umschlossen ist. „Im Wald sind die Geräusche deutlicher als das Licht."[192], sagt Opanyin Poku. Diese Aussage verdeutlicht den privaten Charakter Sonokroms noch mehr. Ein Ort, der dunkel ist und von bzw. in dem man weniger sieht, erweckt den Eindruck, dass er etwas Geheimes verbirgt. Geheimnisse wiederum sind ein Charakteristikum des Privaten. Denn sie schützen etwas, das nicht für die Öffentlichkeit bestimmt ist. Umso besser können die Menschen, laut Pokus Aussage, in einem solchen Raum hören, da die Geräusche deutlicher wahrzunehmen sind. Das liegt daran, dass die Sinnesorgane sich an ihre Umwelt anpassen. Kann ein Mensch also auf Grund äußerer oder innerer Faktoren nicht gut sehen, so werden seine Ohren empfindlicher, da sie ihr volles Potenzial ausschöpfen müssen. Im Umkehrschluss ist der öffentliche Raum ein von Licht durchfluteter Raum, der alles offenlegt, egal wie schön oder schrecklich es ist. Dafür gehen in einem solchen die Geräusche unter. Das klingt in erster Linie paradox, wenn man bedenkt, dass ich in diesem Roman Accra als öffentlichen Raum betrachte. In einer Großstadt ist es nicht nur grell, es ist vor allem auch laut und überflutet von Geräuschen. Die Menschen in diesem Raum verlernen, genau hinzuhören und Geräusche auszumachen. Die Reizüberflutung der Ohren sorgt dafür, dass die Augen den Hauptteil der Sinneswahrnehmung erledigen.

So ist es kein Wunder, dass die Polizisten, die zunächst im Rahmen dieses Falls nach Sonokrom fahren, erfolglos bleiben. Die zwei Welten, die ich anfangs angesprochen hatte, prallen also auch in Hinsicht auf öffentlichen und privaten Raum aufeinander. Ähnlich, wie ich es auch im theoretischen Kapitel über diese Räume angedeutet habe, durchdringen sich diese häufig gegenseitig. In diesem Roman passiert das zunächst insofern, als das Öffentli-

---

[192] Parkes (wie Anm.181), S. 8.

che in das Private eindringt, also die Polizisten in das eigentlich vom Wald eingeschlossene Sonokrom. Eine Verständigung und damit ein Voranschreiten im Ermittlungsverfahren gelingt jedoch deshalb nicht, weil die Polizisten aus dem öffentlichen Raum gut sehen, aber nicht gut hören können. In diesem Fall bezieht sich das besonders auf das Zuhören. Denn würden sie einfach zuhören, kämen sie deutlich besser voran. Stattdessen ignorieren sie sämtliche Regeln und Bräuche in diesem Raum. Durch das bloße optische begutachten und untersuchen der Fleischmasse kommen sie zu keinem Schluss. Erst Kayo, der auch aus dem Öffentlichen in das Private eindringt, hat Erfolg. Aus einem einfachen Grund: Er hört zu, bzw. lernt er es dort wieder. Zwar ist er anfangs ebenso skeptisch, beachtet jedoch die Etikette dieser Gemeinschaft. So schafft er es sogar, von ihr geduldet und sogar akzeptiert zu werden:

> „Ei, Kwadwo, dem hat seine Mutter Manieren beigebracht, das konnte man sehen. Als er kam, begrüßte er mich wie einen Dorfältesten, ganz anders als dieser Sargie. […] Nana Sekyere hat ihn freundlich empfangen und ihm erlaubt zu machen, was gemacht werden musste, um den Fall Kofi Atta abzuschließen. […] Ich schwörs bei meinem Bein, er hat gesprochen, als hätte er sein ganzes Leben hier im Dorf verbracht. Dieser Kwadwo!"[193]

Erst diese Akzeptanz ermöglicht es Kayo, dem Verbrechen auf die Spur zu kommen. Denn er erarbeitet sich das Vertrauen der Bewohner und nimmt jeden Abend an den Palmwein-Umtrünken teil, wo er schließlich die Wahrheit, verpackt in eine Geschichte, erfährt. Er dringt behutsam in den privaten Raum ein, wird schließlich ein Teil dessen und entlockt ihm so sein Geheimnis. Doch nicht nur das. Durch seine Fähigkeit, sich in diesen Raum zu integrieren, schafft er es, seine Augen und seine Ohren zum Lösen des Falls zu benutzen. Bei ihm sind beide Sinne geschärft. Besonders gut ersichtlich wird das, als er eines nachts die Männer im Wald sieht und Xylophonklänge hört, während sein städtischer Kollege nichts wahrnimmt:

> „Kurz bevor er die Bar verließ, hatte Kayo wieder die fernen Xylophonklänge gehört. […] In der Hütte bemerkte Kayo, dass Garba verschwunden war. […] Kayo zuckte zusammen, als er die Stimme hörte. […] >>Garba, wo waren Sie denn?<< >>Ich bin Ihnen gefolgt, Sir.<< […] >>Haben Sie die alten Männer gesehen?<< >>Ja.<< […] >>Und was ist mit dem Xylophon?<< >>Das ist doch nur eine Geschichte, Mr Kayo.<<"[194]

---
[193] Parkes (wie Anm. 181), S.85f.
[194] Parkes (wie Anm. 181), S.138-143.

Dieser Textausschnitt bestätigt deutlich das, was Opanyin über das Hören und Sehen gesagt hat und was ich in Bezug auf die Diskrepanz zwischen Stadt und Land bzw. hier Öffentlichkeit und Privatem ausgebaut habe. Der aus dem öffentlichen Raum Accra kommende Garba hat zwar die Männer ebenso gesehen wie Kayo, doch hat nur Kayo das Xylophon aus dem Wald vernommen. Eben weil er es in diesem privaten Raum wieder gelernt hat und bereit ist, genau hinzuhören.

Ein weiterer Aspekt, der hier zum Tragen kommt, ist die Annahme, dass privater Raum emotional besetzt ist und den Schauplatz innerer Konflikte und Entwicklungen bildet, wie ich es unter 4.1. erläutert habe. Übertragen auf diesen Roman bedeutet es, dass Kayo erst in Sonokrom sein wahres Glück entdeckt. Hier ist er wieder er selbst, hier kann er es sein. Die Bewohner akzeptieren ihn und er akzeptiert sie. In Sonokrom kann er Kwadwo sein, während er außerhalb dieses Raums ein anderer, nämlich Kayo, ist. Man könnte sagen, dass er während der Ermittlungen eine Entwicklung durchmacht. Seine öffentliche Persönlichkeit verwandelt sich in sein wahres, privates Ich. Besonders deutlich wird dies am Ende des Krimis, als er den Job ablehnt, den er schon sein ganzes Leben lang ersehnt hat und stattdessen zurück ins Dorf flieht. Er lehnt die Kälte und in Ghana speziell die Korruption des öffentlichen Raums trotz guter Berufschancen ab, um wieder er selbst sein zu können.

Die zweite Dimension des Privaten und Öffentlichen findet sich, wie bereits angedeutet, innerhalb Sonokroms. Zwar gibt es dort für jeden Bewohner eine Hütte, die das Private darstellt, doch spielt sich der Hauptteil des Lebens in der Öffentlichkeit ab. Der private Raum wird so nahezu mit dem öffentlichen gleichgestellt. Jeder kennt jeden und weiß alles über jeden. Zudem kümmert sich jeder Bewohner um alles, was anfällt. So könnte man entweder behaupten, es existiere kein privater Raum oder aber es existiere kein öffentlicher Raum. Beide durchdringen sich in Sonokrom dermaßen stark, dass eine Trennung fast unmöglich wird. Es ist das Kollektiv, das hier zählt. Dennoch wird das Private hier nicht dem Öffentlichen geopfert, denn jeder Bewohner hat durchaus die Möglichkeit, sich in seine Hütte zurückzuziehen. Nur tun es die meisten den ganzen Tag nicht. Sie ziehen den öffentlichen Raum vor. Es ist ein anderer öffentlicher Raum als der in Accra. Auch Politik funktioniert hier auf andere Weise. Es gibt zwar auch in Sonokrom ein Oberhaupt, aber Korruption oder Machtbestreben ist dort vergeblich zu suchen.

Ebenso, wie es dort auch keine gewaltsame Herrschaft oder Furcht vor Autoritäten gibt: „Jedenfalls war es erfrischend, dass es noch einen Winkel im Land gab, in dem das Auftauchen eines Polizisten nicht gleich Zittern und Beben auslöste."[195] Es herrscht eine viel

---

[195] Parkes (wie Anm. 181), S.146.

größere Akzeptanz der anderen und eine größere Offenheit untereinander, sodass es gar keinen Grund gibt, sich in den privaten Raum zurückzuziehen. Somit wird das Private in das Öffentliche getragen, wodurch das wiederum zu einem kollektiven privaten Raum wird. Genau das ist es auch, was die Ermittler und auch Kayo vorfinden, wenn sie aus dem öffentlichen Raum Accra kommen. Dies ist auch der Grund, weshalb keiner den anderen verrät oder irgendwelche Details Preis gibt. Nur Menschen, die diesem Privaten, dieser Ingroup, angehören, erfahren, was in ihm passiert. Dazu gehört, wie bereits erörtert, Kayo nach kurzer Zeit ebenso.

Darüber hinaus weist der Krimi eine Vielzahl regionalspezifischer Begrifflichkeiten auf, die meines Erachtens nicht ausschließlich dazu dienen, seine Authentizität zu stützen. Schließlich fühlt der Leser sich, als wäre er mitten in Ghana, wenn ständig Begriffe wie „Sanyaa", „Kalebasse", „Talmi" oder „Tsofi" fallen. Oder wenn sogar auf Twi gesprochen wird: „Oh Awurade! Ei Yesu! Asem ben ni…"[196] oder auch „Aduu Sumo Akwadu"[197]. Jedoch entsteht dadurch eine weitere Ebene des privaten Raums. Der Leser, der nicht Twi spricht, fühlt sich, trotz der Erläuterung der Sätze, ein wenig ausgeschlossen, wodurch der gesamte Raum im Krimi als privater Raum erscheint. Der Leser muss lernen, sich mit dieser Sprache und den Begriffen sowie der Kultur Ghanas generell vertraut zu machen, ähnlich wie Kayo sich im Roman mit den Bewohnern Sonokroms vertraut machen muss. Erst, wenn er das gelernt hat, kann er den Roman vollkommen durchdringen. Wer das nicht schafft, wird wahrscheinlich auch nicht verstehen, warum dieser Krimi ist, wie er ist. Das könnte auch der Grund sein, weshalb die afrikanische Literatur außerhalb Afrikas auf eine Rezeptionsbarriere trifft. Die Kultur und auch die Religion differenzieren sich schlichtweg so sehr von der in Europa und den anderen Kontinenten, dass ein Verständnis ihrer einfach oftmals fehlt. Lediglich die Auseinandersetzung mit ihr bringt Licht in den dunklen Wald, um nochmal auf den Krimi von Parkes zu referieren. Und nur so kann der Leser es erreichen, den privaten Raum, der sich ihm im Roman offenbart, zu durchdringen.

5.3.3. Südafrika am Beispiel von Roger Smiths *Kap der Finsternis*

Südafrika ist wahrscheinlich das Land auf diesem Kontinent, das neben den nordafrikanischen Mittelmeerländern wirtschaftlich und strukturell am weitesten entwickelt ist. Es ist

---

[196] Ebenda, S.15.
[197] Ebenda, S.24.

vor allem aber eine „Regenbogennation" – ein Land der Vielfalt. Es ist eine Vielfalt, die sich auf Hautfarbe und ethnische Gruppen bezieht. Jedoch wurde in Südafrika im Zweiten Weltkrieg bis 1994 die Apartheid eingeführt. Diese Rassentrennung, die vor allem der Unterdrückung der schwarzen Mehrheit diente, bestimmt bis heute das Leben vieler Südafrikaner. Immer wieder hat das Land mit Rassenunruhen und -diskriminierung zu kämpfen und vor allem ist es der schwarze Teil der Bevölkerung, der verarmt in den Slums der Städte leben muss. Zwar hat sich durch die Aufhebung der Apartheid und die Wahl Nelson Mandelas zum Staatspräsidenten im Jahr 1994 eine schwarze Mittelschicht herausgebildet, doch lebt ein Großteil nach wie vor in ärmlichen Verhältnissen. In der Theorie hat das Land die Apartheid also hinter sich gebracht, in der Praxis wird es jedoch noch viele Jahre brauchen, bis Schwarze und Weiße sich auf allen Ebenen gleich sind.

Über die Rassenproblematik hinaus oder, wenn man es so sehen will, in Folge derer weist Südafrika eine der höchsten Kriminalitätsraten der Welt auf. Diese kommt jedoch vorwiegend deshalb zustande, weil die Polizei in den labyrinthartigen Townships nahezu machtlos ist und dort Morddelikte und Vergewaltigungen kaum verhindert und die Täter nur schwer bestraft werden können.[198]

Dieses lange, dunkle Kapitel südafrikanischer Geschichte sowie die hohe Kriminalitätsrate spiegeln sich auch in der Literatur wider. Es verwundert kaum, dass die südafrikanischen Krimi-Autoren natürlich diese Plattform nutzen, um den Menschen die Augen zu öffnen, ihnen zu zeigen, wie skrupellos erwachsene Menschen Kinder vergewaltigen und anschließend töten. Oder wie Touristen oder Anwohner wegen eines Geldbetrages getötet werden, der eigentlich nicht der Rede wert ist. Das eigentlich Unfassbare sind jedoch nicht nur diese Ereignisse an sich, die so auch in unseren Städten geschehen, sondern die Quantität ihres Vorkommens. Ein Menschenleben zählt dort nicht viel, zumindest nicht in den Townships. Diese extreme Härte und Brutalität des Landes will auch die Kriminalliteratur darstellen. So sagt Roger Smith über sein Schaffen:

> „… I live in – and write about – an extremely violent country. I don't write about anything that doesn't happen every day in South Africa. […] People aren't turned on by what I write – they're shocked. As they should be. Each day children are raped and slaughtered out on the Cape Flats, just miles from where I live. […] If this was happening anywhere in the West, there would be an outcry. Here it barely makes the newspapers. I write about this stuff because it freaks me out. Writing about it seems the only way to stay sane."[199]

---

[198] Vgl. http://www.suedafrika.net/verschieden/suedafrika_sicherheit.html (Stand: 28.08.2011)
[199] http://www.crimeculture.com/21stC/interviews2010/zeltserman-smith.html (Stand: 28.08.2011)

Roger Smith ist ein südafrikanischer Krimiautor, aber bei weitem nicht der einzige. Vor allem nicht der einzige, der die extreme Gewalt in diesem Land thematisiert. Auch seine schreibenden Kollegen Deon Meyer, Malla Nunn oder Margie Orford stellen ein gewalttätiges Südafrika dar, in dem Kinder missbraucht und verschleppt werden und Menschen zur Selbstjustiz als probates Mittel der Bestrafung greifen.

Trotz der langen kolonialen Besetzung durch England hat sich in Südafrika nicht, wie man vielleicht vermuten würde, der Detektivroman als klassische Kriminalliteratur durchgesetzt. Vielmehr hat sich der amerikanische hard-boiled-Thriller bewährt. Die vielen äußerst brutalen Kriminalfälle, die dieses Land zu bieten hat, lassen sich in einem solchen offensichtlich besser und spannender darstellen. Korrupte Polizisten, viele Actionszenen, Blut, gnadenlose Gangster, spannende Verfolgungsjagden, Morde, die der Leser in aller Ausführlichkeit direkt mitbekommt – all dies sind Zutaten, die einen Thriller in hard-boiled-Manier auszeichnen. Damit passt dieses Genre perfekt nach Südafrika bzw. passt Südafrika perfekt in dieses Genre.

Gerade Roger Smith beherrscht diese Inszenierung und Dramaturgie eines Thrillers perfekt. Der 1960 in Johannesburg geborene Schriftsteller ist nämlich darüber hinaus auch Drehbuchautor, Regisseur und Produzent.[200] Er lebt heute in Kapstadt; der Stadt, die als Handlungsort seiner Krimis *Kap der Finsternis*, *Blutiges Erwachen* und *Staubige Hölle* dient. Wobei in letztem eine Verfolgungsjagd durch das gesamte Südafrika stattfindet. Seine Tätigkeit in der Filmbranche ist seinen Krimis besonders stark anzumerken. Er schafft es nämlich wie kaum ein anderer Krimi-Autor, die Spannung der Handlung durch den gesamten Thriller aufrecht zu erhalten, indem er die Schnitte – um die Filmsprache zu verwenden – perfekt setzt.

Nicht zuletzt auch in *Kap der Finsternis* glänzt Smith mit seinen vielen, schnell aufeinanderfolgenden Perspektivwechseln. So kommt es vor, dass der Leser auf lediglich zwei Buchseiten vier Perspektivwechsel mitmachen muss. Das ist vor allem der rasanten Action und den vielen Figuren dieses Thrillers geschuldet.

Die Hauptfigur, um die sich alles dreht, ist Jack Burn. Er ist mit seiner hochschwangeren Frau Susan und seinem Sohn Matt aus den USA geflohen und will sich in Kapstadt ein neues Leben aufbauen. Wie der Leser erst später erfährt, wird er in den USA strafrechtlich verfolgt, weil er – glücksspielsüchtig – zunächst all sein Geld verzockt hat, anschließend mit einer Gruppe Krimineller eine Bank überfiel, mehrere Millionen Dollar erbeutete. Bei

---

[200] Vgl. http://www.rogersmithbooks.com/page8.html (Stand: 28.08.2011)

der anschließenden Verfolgungsjagd kamen dann sogar Polizisten ums Leben, was wohl der schwerwiegendste Vorwurf an Burn ist. Der Beweggrund für all das: Die Insolvenz seines Unternehmens. Burn wollte lediglich die Versorgung seiner Familie sicherstellen. Ohne zu zögern befiehlt er seiner Frau, so schnell wie möglich zu packen und mit dem gemeinsamen Sohn nach Südafrika zu fliegen. Da jedoch einer seiner Mittäter nicht, wie gedacht, tot war, wurde Burn von ihm bei der Polizei verraten und zu einem der meistgesuchten Männer der USA erklärt. Mit reichlich falschen Pässen ausgestattet, beginnt Burn in Kapstadt ein neues Leben in einem relativ sicheren Viertel. Dort wird die Familie jedoch Opfer eines Überfalls durch Faried Adams und Ricardo Fortune, zwei Gang-Mitglieder der Americans. Diesen Überfall beobachtet Benny Mongrel, der Nachtwächter auf einer Baustelle gegenüber dem Anwesen ist.

Doch er sieht die beiden Gangster nicht wieder aus dem Haus kommen. Als diese nämlich drauf und dran waren, Susan sexuell zu belästigen, dreht Burn durch:

> „Während er sich blitzschnell auf seinem Stuhl umdrehte, schnappte er sich das Tranchiermesser vom Tisch und vergrub es bis zum Heft in der Brust des größeren Mannes. In einer Fontäne schoss Blut aus dessen perforiertem Herzen. Burn sprang auf, packte ihn, bevor er zu Boden ging, und benutzte den Körper als Schild. Er spürte, wie der schlaksige Mann die Kugel abbekam, die der kleinere Typ jetzt abfeuerte. Dann [...] machte [er] einen Satz nach vorn und packte den Schussarm des kleinen Kerls. [...] Burn riss den Arm des Mannes nach hinten und hörte den Knochen brechen. [...] Burn griff hinter sich nach einem Steakmesser auf dem Tisch. [...] Burn zögerte nur einen winzigen Moment, dann senkte er die Hand und schnitt dem kleinen Mann die Kehle durch."[201]

Dieser Textausschnitt bedeutet den Anfang allen Übels in diesem Krimi. Das Leben, das Burn gerade begonnen hatte zu leben, ist mit diesen beiden Morden aus Notwehr wieder vorbei. Er weiß, dass ihm als Ausländer keiner glaubt, wenn er nun die Polizei ruft. Schneller als ihm lieb ist, würde er wohl im Gefängnis landen, wo seine Taten in den USA aufgedeckt und ihm eine Auslieferung sowie lebenslange Haft drohen würden. Also beschließt er, die Leichen heimlich in Mülltüten auf einer Anhöhe über den Cape Flats zu entsorgen. Sein größtes Problem: die beiden Toten sind „große Nummern". Zudem hatte Ricardo Fortune Schulden bei Inspector Rudi „Gatsby" Barnard, dem korrupten, rassistischen, skrupellos mordenden Bullen dieses Thrillers: „Rudi Barnard liebte drei Dinge: Jesus Christus, Gatsbys und Leute umzulegen. [...] Sein Netzwerk aus Laster und Korrup-

---

[201] Roger Smith: *Kap der Finsternis*. Übersetzung von Jürgen Bürger und Peter Torberg. Wilhelm Heyne Verlag. München, 2010. S.15f.

tion stellte eine konstante Einnahmequelle dar, die [...] völlig ausreichte."[202] Sein Revier sind die Cape Flats, wo er Angst und Schrecken verbreitet. Gatsby beginnt also wegen der Schulden, die Fortune bei ihm hat, diesen zu suchen. Zwei Jungen aus den Flats, die die Leichen finden und plündern, führen Gatsby schließlich zu ihnen. Weil die Leichen jedoch in Mülltüten verpackt sind, wird Gatsby misstrauisch und ist sich sicher, dass das kein Werk von Gangstern sein kann. Nachdem der Junge ihm seinen Dienst erbracht hat, macht Gatsby kurzen Prozess:

> „Er holte einen .38er-Revolver [...]. Er hatte die Waffe einem toten Dealer abgenommen [...]. Dann zog er den Revolver heraus, spannte den Hahn und schoss dem Kind genau zwischen die Augen. Der kleine Bastard hatte es nicht mal kommen sehen, glotzte ihn einfach nur blöd an und kippte um. Barnard verpasste ihm noch einen Schuss in die Brust, um sicherzugehen."[203]

Anschließend verbrennt Gatsby alle Leichen, um ja keine Spuren zu hinterlassen, die auf ihn deuten. Dieser Ausschnitt zeigt deutlich, mit welcher Gleichgültigkeit Gatsby vorgeht. Selbst ein Kinderleben ist ihm nichts wert. Zumindest solange es sich um ein schwarzes Kind aus den Slums handelt. Doch wegen all dieser Sachen sitzt ihm auch eine Anti-Korruptionseinheit der Polizei im Nacken, an deren Front der Sonderermittler Disaster Zondi steht – ein Schwarzer, was Gatsby besonders wurmt. Zondi wird im Roman als sympathischer, Ordnung schaffender, ehrgeiziger Mann dargestellt. Er scheint die einzige Hoffnung im Kampf gegen jede Kriminalität zu sein.

Währenddessen gerät jedoch Burn ins Visier von Gatsby. Denn vor seinem Haus steht nach wie vor das Auto der beiden toten Gangster. Aus Angst, alles zu verlieren schmiedet Burn bereits wieder Fluchtpläne. Doch seine hochschwangere Frau kann unmöglich eine derart stressige Reise machen. Daher ist eine Flucht erst für die Zeit nach der Geburt geplant. Als Susan schließlich ins Krankenhaus kommt, zieht sich die Schlinge um Burns Hals immer weiter zu. Gatsby bekommt nun auch noch Informationen aus den USA zugespielt und erhält inoffiziell den Auftrag, Burn zu töten, damit dieser nicht auf Staatskosten in die Staaten ausgeliefert werden muss und bis an sein Lebensende im Gefängnis schmort. Gatsby erschießt daraufhin die Haushaltshilfe der Familie und entführt den Sohn, weil Burn nicht zuhause ist. Wieder hat Benny Mongrel während seiner Nachtschicht alles beobachtet, doch gehen ihn die Probleme der Weißen nichts an.

Als Burn zurückkehrt und merkt, was vorgefallen ist, befragt er Mongrel, der ihm schildert, was er gesehen hat. Nun gilt es, alles wieder zurechtzubiegen, ohne dass Susan etwas

---
[202] Ebenda, S.25f.
[203] Ebenda, S.103.

erfährt, aus Angst, sie würde ihn wegen der ständigen Querelen verlassen. Gatsby lädt Matt in den Flats bei der Witwe von Fortune ab und überzeugt sie mit seinen Fäusten, dass sie sich um den Jungen zu kümmern hat, bis er wiederkommt. Sein Ziel: Burn um seine Millionen erpressen, ihn, Matt und die Witwe von Fortune umbringen und sich mit dem Geld ein ruhiges Rentnerleben gestalten, ehe durch die Anti-Korruptionseinheit noch Ärger droht. Doch alles kommt anders. Burn verbündete sich zwischenzeitlich mit Mongrel, nachdem Gatsby dessen geliebten Hund erschoss. Sie spüren Gatsby auf und nehmen ihn gefangen.

Unter unmenschlicher Folter wollen sie von ihm herausbekommen, wo Matt sich befindet. Sie fesseln ihn und traktieren ihn mit einem Messer:

> „…ein solcher Stich darf niemals tödlich sein, sondern gerade mal tief genug, um zu verletzen. […] Mit großer Präzision setzte er die Klinge am Körper des fetten Mannes an, stach hinein, öffnete Adern, aus denen das Blut auf die Müllsäcke und Zeitungen lief. […] Sein immenser Leib war blutverschmiert und angespannt. […] Der Mann verströmte den Gestank von Schweiß und Blut. Er hatte sich vollgepisst und eingeschissen, in der Garage roch es wie in einem Leichenhaus."[204]

Schließlich redet Gatsby im halbtoten Zustand. Zusammen mit ihm fahren die beiden Männer in die Flats, um Matt zu suchen. Schlussendlich ist keiner mehr da, als sie in Fortunes Hütte ankommen. Der Verzweiflung nahe erhält Burn einen Anruf von Susan. Matt sei bei ihr. Fortunes Witwe hatte ihn zur Polizei gebracht, die ihn zu Susan fuhr. Gatsby, schwer verletzt von der Tortur, wird von den wütenden Massen der Slums durch die Flats gejagt und am Ende verbrannt – bei lebendigem Leib. Burn hingegen fasst den Beschluss, sofort allein nach Botswana zu fahren und von dort mit falschen Papieren nach Neuseeland zu fliegen. Das wichtigste für ihn ist, dass seine Familie nun in Sicherheit ist. Er weiß aber auch, dass er nicht ins Krankenhaus fahren kann, weil die Polizei dort auf ihn wartet und ihm die Auslieferung droht. Doch in der großen Kalahari-Wüste hat Burn einen Unfall: „Das Letzte, was Jack Burn sah, war die Sonne in seinen Augen. Dann nichts mehr"[205]

Man kann konstatieren: Am Ende hat die Gerechtigkeit gesiegt, weil ein Jeder seine Strafe erhält. Doch in diesem Thriller ist alles ein wenig anders. Das Gute ist nicht gut und das Böse nicht unbedingt böse. Haben wir in einem Krimi sonst den Fall, dass die Polizei in einem Mordfall ermittelt, ist hier alles schwieriger. Zwar ermittelt Gatsby in einem

---

[204] Smith (wie Anm. 201), S.294-298.
[205] Ebenda, S.356.

Mordfall, doch ist seine Motivation eine völlig andere. Er will nicht wissen, wer der Mörder ist, weil er ihn bestrafen will. Sondern er handelt aus purem Egoismus. Er will Geld. Zudem kann er seine Sucht nach der Ermordung von Menschen befriedigen. Doch ihn als wirklichen Ermittler zu bezeichnen, ist gerade auf Grund seines korrupten, zwielichtigen Verhaltens schwierig. Denn er selbst begeht Morde. Ihm auf der Spur ist deshalb Zondi. Daher könnte man nun ihn als den wahren Detektiv bezeichnen. Doch er ist immer einen Schritt zu spät, um Gatsby wirklich gefährlich zu werden. Am Ende entgeht Gatsby einer Strafe durch ihn sogar, weil andere schneller waren und Selbstjustiz vornahmen, was ein typisches Merkmal Südafrikas ist. Damit muss man Zondis Ermittlungen eigentlich als Misserfolg werten, auch wenn er die kompletten Missetaten von Gatsby am Ende aufgeklärt hat. Die Ermittlerfigur bleibt also in jedem Fall fraglich. Ebenso wie der Täter. Auf der einen Seite sind das ganz klar die beiden Ganoven, die in Burns Haus einbrechen. Doch sie werden kurz darauf zu Opfern und Burn zum Täter, der ohne Vorsatz handelte und sich nur verteidigt hat. Doch das würde ihm als Ausländer niemand glauben. Außerdem hat er bereits in den USA Menschenleben auf dem Gewissen und ist ein Dieb. Doch auch dort hat er aus purer Verzweiflung und Angst um seine Familie gehandelt. Der Leser gerät bei Jack Burn also in ein moralisches Dilemma. Hier offenbart sich wieder, dass Mord nicht gleich einen Verbrecher macht. Auch eine Kette unglücklicher Fügungen kann ausreichen. Zweifelsfrei ist jedoch Gatsby als ein Täter festzumachen. Er korrumpiert, schlägt und mordet, wie es ihm beliebt. Theoretisch ist er also ein Täter. Praktisch ist er dennoch Inspector und Verbrechern auf der Spur. Es gibt also kein klares Täter- oder Ermittlerbild in diesem Krimi. Recht und Unrecht liegen sehr nah beieinander und gehen sogar ineinander über.

Der Thriller von Smith scheint also mit den Regeln Van Dines besonders stark zu brechen. Besonders deshalb, weil wir weder einen Täter vorfinden – egal, welchen man nimmt – der eine ehrenwerte Person und damit über jeden Verdacht erhaben ist, noch finden wir nur einen einzigen Täter vor. Zudem dürften in einem Krimi auch keine Einbrecher oder Gangster eine Rolle spielen. Doch das ist ohnehin nur die Theorie. In Südafrika kann man bei aller Kriminalität und Korruption einfach nicht von einem funktionierenden Rechtssystem ausgehen. Daher kann die Literatur auch keinen klassischen Krimi hervorbringen, wenn dieser die Gesellschaft widerspiegeln soll, weshalb der Thriller hier eine geeignete Bühne darstellt.

5.3.4. *Kap der Finsternis*: Der glatte Raum im gekerbten Kapstadt

Traditionell betrachten wir eine Stadt als gekerbten Raum. Sie ist Ballungsraum für Menschen, wird vom Himmel bedeckt, weist Territorialisierungsverhalten auf, ist begrenzt und gilt als Ort der Sesshaften (wie unter 4.1. bereits ausführlich behandelt). Im Fall von *Kap der Finsternis* stellt Kapstadt diese gekerbte Stadt dar. Doch nicht nur Kapstadt als Ganzes ist gekerbt, auch in sich ist es noch mehrfach gekerbt. Denn auch die einzelnen Stadtteile können als ein solcher Raum für sich allein stehen. Gerade in einer solchen Stadt, die im Roman als „die Welthauptstadt von Vergewaltigung und Mord"[206] bezeichnet wird, finden sich solche Abgrenzungen noch deutlicher. Edle Wohngegenden wie die am Fuße des Signal Hill, wo Burn mit seiner Familie lebt, heben sich deutlich von denen der Cape Flats oder den Brown Farms ab. Im Roman zeigt sich das besonders deutlich durch die polizeiliche Bewachung. Während die Polizei in Signal Hill regelmäßig Streife fährt, um die Anwohner vor Gefahren zu schützen, ist die Polizei in Person von Gatsby in den Cape Flats unterwegs, um Anwohner zu terrorisieren. Eine Zweiteilung wird offensichtlich. Man könnte die These aufstellen, dass in diesem Roman der gekerbte Raum dargestellt wird als ein Raum der weißen, wohlhabenden Mittel- bzw. Oberschicht. Der glatte Raum wird dagegen als Raum der verarmten, schwarzen Bevölkerungsschicht präsentiert. Wie Deleuze/ Guattari festgestellt haben, ist der glatte Raum schwer zu besetzen. Überträgt man diese Annahme auf den Roman, so stellt sich schnell heraus, dass die Flats zumindest deshalb schwer zu kontrollieren sind, da ihre Einwohner meist überall sind, nur nicht in ihren Wellblechhütten. Sie ziehen den ganzen Tag und oft auch nachts umher, um Nahrung zu besorgen, wertvolle Gegenstände zu finden und kriminellen Tätigkeiten nachzugehen. Damit sind sie so etwas wie Großstadtnomaden. Jedoch mit dem feinen Unterschied, dass sie doch irgendwann wieder in ihre Hütte zurückkehren. Hier bewahrheitet sich eine weitere Vermutung von Deleuze/ Guattari. Der glatte und der gekerbte Raum gehen oftmals ineinander über. Eine Grenze ist häufig, wenn es sie überhaupt gibt, fließend. Damit ist nicht nur Kapstadt als gekerbter Raum in sich noch einmal in Form der einzelnen Stadtviertel gekerbt. Sondern es wird vom glatten Raum (Cape Flats) durchdrungen, der wiederum in sich noch einmal glatt (Menschen wie Nomaden) und gekerbt (Nomaden mit festem Wohnsitz/Wellblechhütte) ist.

---

[206] Smith (wie Anm. 201), S.24.

Auf diesen Umstand möchte ich noch etwas genauer eingehen. Dass diese strikte Abgrenzung zwischen den Stadtteilen stattfindet, wird im Roman nämlich kontinuierlich hervorgehoben, wie auch in folgendem Textausschnitt gut zu erkennen ist:

> „Es war immer noch hell, als Rudi Barnard hinter dem roten BMW hielt. [...] Dies war nicht sein Revier, dieser reiche Vorort, der sich an die Seite des Signal Hill schmiegte, mit einem weiten Blick auf Kapstadt und die Waterfront. Und todsicher war es auch nicht Ricardo Fortunes Revier. [...] Die Straße war ruhig. Nicht mal ein Fußgänger in Sicht. So ganz anders als die Flats, in denen es nur so von Menschen wimmelte, die an Straßenecken lungerten, Gangster, die ihre Deals machten, Kinder, die auf der Straße Fußball spielten, Nachbarn, die sich beschimpften. Nicht hier, nicht in diesem Refugium der Privilegierten."[207]

Der Ausschnitt zeigt deutlich, welche radikalen Unterschiede zwischen den beiden Räumen festzustellen sind. Während die Flats als eines von vielen Townships den glatten Raum markieren, steht die Wohngegend am Signal Hill für den gekerbten Raum par excellence. Das Wimmeln der Menschen in den Flats kann auch als nomadenhaftes Umherziehen ohne wirkliches Ziel gedeutet werden, ähnlich der Eigenschaft, wie sie Deleuze/Guattari den Schiffen auf hoher See zuordnen. Die Bewegung, der Weg, die Linie ist das entscheidende Merkmal des glatten Raumes und nur, weil es eben notwendig ist, müssen die Menschen dort weiterziehen. Vielleicht müsste dies noch etwas erweitert werden. Denn in *Kap der Finsternis* ist es nicht ausschließlich die Notwendigkeit, die die Menschen umherziehen lässt, sondern vor allem auch die Arbeitslosigkeit, die Aussichtslosigkeit und die Armut, woraus wiederum Langeweile oder verbrecherische Absichten resultieren. Diese Motive haben eine entscheidende Rolle gespielt, als Burns Familie überfallen wurde. Die beiden Flats-Bewohner Fortune und Adams ziehen nämlich eigentlich ziellos in einem gestohlenen 3er BMW durch Kapstadt. Noch nicht einmal Fortunes Frau weiß auf Gatsbys Fragen hin, wo Ricardo sei und wohin er fuhr, eine Antwort. Das allein zeigt, wie plan- und ziellos diese Menschen dort sind.

Zwar könnte das auch von schlechter Kommunikationsfähigkeit des Ehepaars zeugen, doch mehr, als dass ihr Mann mit Faried Adams umherfahren wollte, weiß auch sie nicht zu berichten. Nur, weil sich Adams und Fortune verfahren, kommen sie in die Wohngegend am Signal Hill und beschließen spontan, in Burns Haus einzubrechen, weil „diese Hütten [...] voll mit Krempel und Zeugs [sind]."[208] Wollte man die Theorie von Deleuze/Guattari stark strapazieren, könnte man sogar behaupten, es sei eine Notwendigkeit gewe-

---

[207] Ebenda, S.74f.
[208] Smith (wie Anm. 201), S.14.

sen, in dieses Haus einzubrechen. Denn zumindest Fortune hat enorme Schulden bei Gatsby, die er ohne kriminelle Taten niemals begleichen könnte. Somit ist auch das Umherstreifen in diesem Fall eine notwendige Handlung, was die Flats wiederum als glatten Raum bestätigt.

Ein weiteres Charakteristikum dieses Raumes in diesem Thriller ist neben der Kriminalität und der Gewalt die Hautfarbe. Wie bereits angedeutet, ist dieser Raum den Schwarzen vorbehalten. Sowohl sie als auch „der fette Bure"[209] Gatsby, der in diesem Raum die polizeiliche Gewalt ausübt, sind geprägt von Rassenhass und –diskriminierung. Bereits der eben verwendete Ausdruck, der von der Witwe Fortunes stammt, zeigt, dass die Kolonialzeit sowie die Unterdrückung der schwarzen Bevölkerung in der Apartheid noch längst nicht vergessen sind. Erst Recht nicht, wenn es ausgerechnet ein Weißer ist, der die Flats-Bewohner tyrannisiert und umbringt, wie es ihm beliebt, ohne dafür Rechenschaft ablegen zu müssen. Der Rassenhass und die Respektlosigkeit vor der anderen Hautfarbe ist in diesem Raum allgegenwärtig: „Gatsby funkelte sie von oben herab an. >>Kein Wunder, dass er dich dauernd verdrischt. Dein Maul ist so dreckig wie das letzte Scheißhaus.<< >>Und du stinkst wie eines.<< Gatsbys Faust schnellte hoch. Sie zuckte mit keiner Wimper."[210] Auch an Formulierungen wie „Weißbrot"[211], „schwarzer Drecksack"[212], „Scheiß nutzloses Stück Scheiße"[213] oder „eine räudige alte Hündin […] stellte […] schon einen größeren Wert dar als die meisten braunen Männer"[214] wird der gegenseitige Hass mehr als deutlich.

Im Kontrast dazu steht die gekerbte Wohngegend am Signal Hill. Diese zeichnet sich ebenfalls durch eine sprachliche Interaktion zwischen schwarzen und weißen Menschen aus, etwa zwischen Benny Mongrel und Burn: „Benny Mongrel war schon vieles genannt worden. Bastard, Buschmann, Abschaum und viele Jahre lang Häftling 1989657. […] Sämtliche Schimpfwörter aus der Gosse der Cape Flats waren ihm schon an den Kopf geworfen worden […]. Aber noch niemals war er von jemandem *Sir* genannt worden. Bis auf diesen Amerikaner."[215] Hieran ist zu erkennen, dass am Signal Hill mit unverkennbar mehr Respekt miteinander umgegangen wird. Von Diskriminierung oder Rassenproblemen ist hier offenbar keine Spur zu finden. Lediglich als zu einem späteren Zeitpunkt Gatsby in dieses Wohnviertel vordringt, bringt er diese Respektlosigkeit aus den Flats mit. Ihn und

---

[209] Ebenda, S.14.
[210] Smith (wie Anm. 201), S.19.
[211] Ebenda, S.13.
[212] Ebenda, S.37.
[213] Ebenda, S.78.
[214] Ebenda, S.120.
[215] Ebenda, S.21f.

Benny Mongrel sehe ich in diesem Roman als eine Art Schnittstelle zwischen dem glatten Raum der Cape Flats und dem gekerbten des Signal Hills. Auf der einen Seite ist da nämlich der korrupte, weiße, brutale Cop, der die Flats beherrscht. Auf der anderen hingegen der schwarze, harte Gangster, der in den Flats groß geworden ist und nun in dem Nobelviertel als Nachtwächter arbeitet. Allerdings finden wir konträre Verhaltensweisen nicht so vor, wie es sich der Herkunft nach vermuten ließe.

Normalerweise wäre demnach Gatsby der Gute, weil er in keinem Township aufgewachsen ist. Mongrel hingegen als Kind der Cape Flats müsste kriminell sein. Er war es auch, sonst hätte er nicht im Gefängnis gesessen. Doch in diesem Thriller drehen sich die Perspektiven. Offensichtlich scheinen sich die beiden ihren jeweiligen Umgebungen anzupassen. Man könnte sagen, dass die Stadt hier als Spiegelbild der menschlichen Seele dient und umgekehrt. Das heißt, dass Gatsby die Brutalität und Respektlosigkeit der glatten Flats annimmt, während Mongrel den guten Menschen in sich erkennt, seit er in der vornehmen Wohngegend arbeitet. Somit dringt der gekerbte in den glatten Raum ein und umgekehrt, sogar innerhalb einer einzigen Person. Damit findet eine Durchdringung dieser beiden Räume auf mehreren Ebenen statt. Dies verdeutlicht noch einmal die Signifikanz der schweren Abgrenzung beider Räume voneinander. Denn eigentlich soll der gekerbte Raum als abgegrenzt betrachtet werden. Dass diese Abgrenzung jedoch auch Lücken haben kann, zeigt ganz klar, dass kein absoluter Raum vorliegt. Die Annahmen über glatte und gekerbte Räume gehen von idealtypischen Räumen aus. Diese lassen sich jedoch in der Literatur in dieser Form nur äußerst schwierig umsetzen.

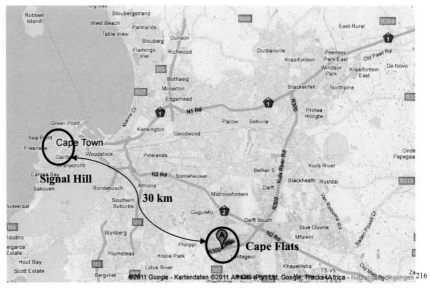

Kartenmaterial von Google Maps

Es bleibt also festzuhalten, dass wir in *Kap der Finsternis* ein gekerbtes Kapstadt haben, weil Städte immer gekerbt sind. Innerhalb dieser Stadt finden wir jedoch nochmals gekerbte und glatte Räume. Wobei der glatte Raum ohnehin nicht vollständig dem entspricht, was Deleuze/ Guattari sich darunter vorstellen, da wir feste Behausungen vorfinden, zu denen die Bewohner in ihrem Nomadendasein zurückkehren. Ebenso ersichtlich wird, dass der gekerbte Raum tatsächlich, wie in der Theorie der beiden, durch Eigenschaften spezifiziert wird, während das Glatte als Affekt-Raum charakterisiert ist. Die Eigenschaften, die hier zugeordnet werden können, sind beispielsweise Reichtum, Wohlstand, Ruhe, Sicherheit. Diese sollten den gekerbten Raum Signal Hill innerhalb des gekerbten Kapstadts zumindest kennzeichnen. Den glatten Raum der Cape Flats hingegen kennzeichnen eher Affekte wie Wut, Zorn, Furcht, Verachtung, Neid oder Hass. Jedoch auch in dieser Hinsicht ergeben sich im Verlauf des Thrillers Überschneidungen, womit auch hier erkennbar wird, dass eine Abgrenzung nicht als absolut erachtet werden kann. Denn ab dem Zeitpunkt, als Burns Familie überfallen wird, wird auch der gekerbte Raum zu einem Raum der Affekte, erst Recht, als Burns Sohn von Gatsby entführt wird.

---

[216] Die Karte soll einen Eindruck davon geben, wie weit diese beiden Stadtteile auseinanderliegen. Damit wird es verständlicher, weshalb sie normalerweise nicht miteinander in Berührung kommen. So wird es außerdem ersichtlich, wie es möglich ist, dass innerhalb des gekerbten Kapstadts auch glatte Räume entstehen konnten. Im Prinzip liegen diese Stadtteile so weit auseinander, dass man sagen könnte, sie seien sich fremd wie zwei verschiedene Städte.

Im Endeffekt ist es schwierig, eine klare Abgrenzung der Räume zu finden, da in jeder Hinsicht die Grenzen immer wieder aufgehoben werden. Gerade, wenn man beachtet, dass der glatte Raum ohnehin keine Grenze hat und eine offene Oberfläche besitzt, ist es unabwendbar, dass von dieser Seite der gekerbte Raum in seiner Abgrenzung gestört wird. „The Cape Flats – which is about as violent a place as you'll find outside of a war zone."[217] Die Cape Flats sind wie ein Kriegsgebiet, sagt Roger Smith. Speziell unter diesem Aspekt erscheint es nur allzu logisch, dass es keine Grenzen zum gekerbten Raum gibt. Wer beachtet in einem Krieg schon die Grenzen und Regeln des Anderen? Gekerbter und glatter Raum befinden sich in *Kap der Finsternis* also in einem „Krieg", der vom glatten Raum ausgeht, weil dieser in seiner Grenzenlosigkeit in den gekerbten eindringt. Das Gekerbte jedoch, in seinem Bestreben nach Eingrenzung und Territorialisierung, greift hier ebenso nach dem glatten Raum und begrenzt diesen in gewisser Weise doch, indem er die Menschen darin einschränkt und an ihre Wellblechhütten bindet, in die sie immer wieder zurückkehren. Seinen Anfang nahm dieser „Krieg" in der Kolonialzeit, seine Fortsetzung fand er in der Apartheid. Diese ist zwar formal vorbei, doch zeigt sich in diesem Thriller, dass nach wie vor eine räumliche Apartheid fortgeführt wird.

---

[217] http://www.crimeculture.com/21stC/interviews2010/zeltserman-smith.html (Stand: 28.08.2011)

6. Fazit

Am Ende dieser Studie bleiben mir drei Erkenntnisse festzuhalten. Da sich alle Erkenntnisse auf den Raum beziehen, dürfte die eingangs gestellte Frage, ob dieser in irgendeiner Weise einen Einfluss auf Kriminalliteratur hat, spätestens jetzt rhetorisch erscheinen. Es ist ziemlich deutlich, dass das Setting eines Kriminalromans bzw. Thrillers einen großen Einfluss auf diesen hat. Dennoch ist aus dieser Untersuchung hervorgegangen, dass es Regeln gibt, die für das Schreiben von Kriminalliteratur nach wie vor essentiell sind – länder- und kontinentübergreifend. Vielleicht sollte man jedoch aktuell nicht mehr von Regeln sprechen, wie es noch S. S. Van Dine oder Helmut Heißenbüttel getan haben. Es sind eher variable Gemeinsamkeiten, die die Literatur dieses Genres miteinander verbindet – ein Schema, das stetig und progressiv abgewandelt wird. Variabel deshalb, weil sie nicht zwangsläufig in jedem Krimi vorkommen müssen. Dennoch kann ein Roman ein Krimi sein, solange er gewisse andere Gemeinsamkeiten dieses Genres aufweist. Zu diesen Gemeinsamkeiten gehört unter anderem das Verbrechen. Es muss kein Mord sein, vor allem nicht im Thriller, aber jeder Krimi weist ein Verbrechen auf. Deshalb erachte ich diese Gemeinsamkeit als einzige Ausnahme, die obligatorisch ist. Gibt es kein Verbrechen, so ist es kein Krimi, egal, wo auf der Welt es sich abspielt. Weitere Gemeinsamkeiten, die ich jedoch als fakultativ betrachte, sind, dass Leser und Ermittler denselben Wissensstand haben müssen, um den Fall lösen zu können; außerdem sollte der Täter eine Person sein, die in der Geschichte eine mehr oder weniger große Rolle spielt und nicht am Ende aus dem Nichts präsentiert wird; Nebensächlichkeiten wie beispielsweise beschreibende Passagen sollten nicht vorkommen, um der Spannung und dem Lösungsvorhaben des Lesers keinen Abbruch zu tun; und zu guter Letzt sollte der Zufall bei der Wahl des Opfers durch den Täter im Idealfall keine Rolle spielen. Wie gesagt, diese Gemeinsamkeiten sind fakultativ. Doch habe ich den Eindruck, dass sie auf die meisten Krimis zutreffen. Werden eine, mehrere oder alle diese Gemeinsamkeiten weggelassen, so ist die Geschichte trotzdem noch ein Krimi, solange im Zentrum dieser ein Verbrechen steht.

Die zweite Erkenntnis, die diese Untersuchung hervorgebracht hat, ist die, dass die Räume in den Krimis nicht beliebig austauschbar sind. Damit ist folgendes gemeint: Lesen wir einen Krimi, der in Europa spielt, so sind diverse Verbrechen und Ermittlungsmethoden bereits ausgeschlossen. Die *Spur des Bienenfressers* würde beispielsweise in Deutschland niemals so funktionieren, wie er es in Ghana tut. Der vorgegebene Raum evoziert nämlich zugleich bestimmte Verhaltensmuster und kulturelle Traditionen, die dem Krimi einen Rahmen vorgeben. Somit kann ein Raum für ein spezifisches Verbrechen meist nicht beliebig gewählt werden. Sondern ausschließlich innerhalb eines bestimmten Kulturkreises kann eine bestimmte Art von Verbrechen funktionieren. Je weiter sich diese Kulturkreise jedoch differenzieren, desto geringer ist die Akzeptanz des Lesers und damit dessen Interesse für den Krimi dieser Kultur. In Zeiten der Globalisierung mag sich eine solche Entwicklung allerdings relativiert haben. Denn wir lernen fremde Kulturen auf jede erdenkliche Art und Weise kennen, weshalb unser Interesse sich auch sehr stark vergrößert hat. Hinzu kommt, dass sich die Kulturen stärker einander angleichen, je mehr sie sich vertraut sind, weshalb die Interessenschwerpunkte und Kenntnisse immer mehr überschneiden. So ist es nicht verwunderlich, dass auch der Krimi in dem Raum, dem wir den Stempel der westlichen Kultur aufdrücken, austauschbar ist. Das heißt, dass z.B. die meisten Krimis, die in Griechenland spielen auch in den USA funktionieren würden, Krimis aus Italien würden auch in Lateinamerika funktionieren oder ein deutscher Krimi in Kanada. Diese Kulturen sind sich ähnlich, weil sie Werte teilen, die in vielen Punkten übereinstimmen. Afrika dagegen als gesamter Kontinent ist der westlichen Kultur noch immer so fremd und mysteriös, dass ein Interesse nur bei Kennern besteht. Bei Afrika treffen wir also nicht nur auf eine Rezeptionsbarriere, sondern auch auf eine Barriere der Austauschbarkeit der Krimi-Handlung, was ja keineswegs negativ zu werten ist.

Eine dritte und letzte Erkenntnis, die aus dieser Studie gewonnen worden ist, bezieht sich speziell auf die untersuchten Raumarten. Ich habe den Versuch unternommen, die Raumtheorie auf die Kriminalliteratur anzuwenden. Gerade die Annahmen über gekerbte und glatte Räume sowie über privaten und öffentlichen Raum haben gezeigt, dass sie in der Realität durchaus sinnvoll sind. In der Fiktion jedoch sind sie etwas schwieriger auszumachen und zu bestimmen. Die eindeutigen Bestimmungsmerkmale gelten hier nämlich meist nur dann, wenn sie um weitere Merkmale ergänzt werden. Der Raum in der Literatur weist stets andere Qualitäten auf als jener in der Realität. So habe ich beispielsweise den glatten Raum in Kap der Finsternis als Raum der Kriminellen und Raum der schwarzen, verarmten Bevölkerung ausgemacht und dem gekerbten Raum die Wohlstandsschicht der Weißen zugewiesen. Natürlich ist das ein wenig überspitzt, denn nicht jeder im glatten Raum ist kriminell (Fortunes Witwe) und nicht jeder im gekerbten ist noch nie mit dem Gesetz in Konflikt geraten (Burn). Doch sind es für diesen Roman unerlässliche Attribute, die den jeweiligen Räumen zugeschrieben werden müssen. Denn das, was Deleuze/ Guattari diesen gegensätzlichen Räumen an Eigenschaften zuschreiben, ist nicht ausreichend, um sie in der Literatur verifizieren. Sie bleiben natürlich die Grundlage aller Analysen, aber müssen zwingend individuell adaptiert und erweitert werden.

Ich habe also die Kriminalliteratur verschiedenster Länder aus unterschiedlichen Kulturkreisen hinsichtlich des in ihr vorkommenden Raumes untersucht. Sicherlich ließen sich auch noch weitere Räume in der jeweiligen Literatur analysieren, wie etwa der topografische Raum. Wenn man einmal von der beinahe universellen Konstante der Korruption in den Krimis absieht, reichen die von mir angestellten Untersuchungen der Räume jedoch aus, um zu konstatieren, dass der Krimi in Europa nicht vollkommen dem in Lateinamerika und schon gar nicht dem in Afrika gleicht. Sogar jedes einzelne Land weist spezifische Eigenheiten in den Krimis auf. Daher bleibt mir abschließend die Feststellung: Andere Länder haben tatsächlich nicht nur andere Sitten.

7. Literaturverzeichnis

Primärliteratur

MARKARIS, Petros: *Hellas Channel. Ein Fall für Kostas Charitos.* Übersetzung von Michaela Prinzinger. Diogenes Verlag. Zürich, 2008.

PARKES, Nii: *Die Spur des Bienenfressers.* Übersetzung von Uta Goridis. Unionsverlag. Zürich, 2010.

SCHENKEL, Andrea Maria: *Kalteis.* 1. Auflage. btb Verlag. München, 2009.

SMITH, Roger: *Kap der Finsternis.* Übersetzung von Jürgen Bürger und Peter Torberg. Wilhelm Heyne Verlag. München, 2010.

TAIBO II, Paco Ignacio / Subcomandante MARCOS: *Unbequeme Tote.* Aus dem Spanischen von Miriam Lang. Verlag Assoziation A. Berlin/ Hamburg, 2005.

Sekundärliteratur

ADEY, Robert: *Locked Room Murders and Other Impossible Crimes.* Revised and Expanded Edition. Crossover Press. Minneapolis (USA), 1991.

ALEWYN, Richard: Anatomie des Detektivromans. In: Vogt, Jochen: *Der Kriminalroman. Poetik, Theorie, Geschichte.* Wilhelm Fink Verlag. München, 1998.

ALEWYN, Richard: Die Anfänge des Detektivromans. In: Žmegač, Viktor: *Der wohltemperierte Mord. Zur Theorie und Geschichte des Detektivromans.* Athenäum Verlag. Frankfurt, 1971.

ARNOLD, Armin/ SCHMIDT, Josef: *Reclams Kriminalromanführer.* Reclam Verlag. Stuttgart, 1978.

BARTL, Andrea / BECKER, Hanna Viktoria: Transitträume. In: Bartl, Andrea (Hrsg.): *Germanistik und Gegenwartsliteratur.* Band 4. Wißner Verlag. Augsburg, 2009.

BENGEL, Michael: *Der verschlossene Raum. Zur Struktur und Funktion eines literarischen Motivs.* In: Praxis Deutsch. Heft 44. Krimi. Erhard Friedrich Verlag. Seelze, 1980.

BERZEVICZY, Klára / BOGNÁR, Zsuzsa / LŐKÖS, Péter: *Gelebte Milieus und virtuelle Räume. Der Raum in der Literatur- und Kulturwissenschaft.* Frank & Timme Verlag für wissenschaftliche Literatur. Berlin, 2009.

BOGDAL, Klaus Michael et al.: *Der Deutschunterricht.* Heft 2. Jahrgang 59/2007. Friedrich Verlag, 2007.

BRECHT, Bertolt: Über die Popularität des Kriminalromans. In: Vogt, Jochen: *Der Kriminalroman II. Zur Theorie und Geschichte einer Gattung*. Wilhelm Fink Verlag. München, 1971.

BUCHLOH, Paul G. / BECKER, Jens P.: *Der Detektivroman*. 2., überarbeitete und ergänzte Auflage. Wissenschaftliche Buchgesellschaft. Darmstadt, 1978.

CERTEAU, Michel de: Praktiken im Raum. >Räume< und >Orte<. In: Dünne, Jörg/ Günzel, Stephan: *Raumtheorie. Grundlagentexte aus Philosophie und Kulturwissenschaften*. Erste Auflage. Suhrkamp Verlag. Frankfurt am Main, 2006.

DELEUZE, Gilles / GUATTARI, Félix: 1440 – Das Glatte und das Gekerbte. In: Dünne, Jörg/ Günzel, Stephan: *Raumtheorie. Grundlagentexte aus Philosophie und Kulturwissenschaften*. Erste Auflage. Suhrkamp Verlag. Frankfurt am Main, 2006.

DÜNNE, Jörg: Forschungsüberblick „Raumtheorie". In: Dünne, Jörg / Doetsch, Hermann / Lüdeke, Roger: *Von Pilgerwegen, Schriftspuren und Blickpunkten. Raumpraktiken in medienhistorischer Perspektive*. Königshausen & Neumann. Würzburg, 2004.

DÜNNE, Jörg / GÜNZEL, Stephan: *Raumtheorie. Grundlagentexte aus Philosophie und Kulturwissenschaften*. Erste Auflage. Suhrkamp Verlag. Frankfurt am Main, 2006.

ENGELBERG, Achim: *On the Streets of Athens with Petros Markaris*. In: South East Europe Review. Hans-Böckler-Stiftung. 03/2006.

FILINGER, Margit: Der Raum als Metapher menschlichen Verhaltens. In: Berzeviczy, Klára / Bognár, Zsuzsa / Lőkös, Péter: *Gelebte Milieus und virtuelle Räume. Der Raum in der Literatur- und Kulturwissenschaft*. Frank & Timme Verlag für wissenschaftliche Literatur. Berlin, 2009.

FOUCAULT, Michel: Andere Räume (1967). In: Barck, Karlheinz: *Aisthesis: Wahrnehmung heute oder Perspektiven einer anderen Ästhetik; Essais*. 5., durchgesehene Auflage. Reclam. Leipzig, 1993.

FREUDENTHAL, Hans: *Raumtheorie*. Wissenschaftliche Buchgesellschaft. Darmstadt, 1978.

GOETTE, Jürgen-Wolfgang / KIRCHER, Hartmut: *Kriminalgeschichten. Texte von E.A. Poe bis M. von der Grün*. 2. Auflage. Moritz Diesterweg Verlag. Frankfurt am Main, 1978.

HALLET, Wolfgang & NEUMANN, Birgit: *Raum und Bewegung in der Literatur. Die Literaturwissenschaften und der Spatial Turn*. Transcript Verlag. Bielefeld 2009.

KLUG, Gabriela: Intimer und öffentlicher Raum in der Burg: Raumkonstruktion und Raumfunktionen in zwei deutschen Prosaromanen des späten Mittelalters. In: Berzeviczy, Klára / Bognár, Zsuzsa / Lőkös, Péter: *Gelebte Milieus und virtuelle Räume. Der Raum in der Literatur- und Kulturwissenschaft*. Frank & Timme Verlag für wissenschaftliche Literatur. Berlin, 2009.

KURZENBERGER, Hajo: Murnau, München, Wien – Ödön von Horváths dramatische und biographische Orte. In: Wintgens, Hans-Herbert / Oppermann, Gerard: *Literarische Orte – Orte in der Literatur*. Hildesheimer Universitätsverlag. Hildesheim, 2005.

LEINEN, Frank: Paco Ignacio Taibo II und die Mexikanisierung des Kriminalromans. Interkulturelle Spielformen der Nueva Novela Policíaca zwischen Fakt und Fiktion. In: Lang, Sabine et al. (Hrsg.): *Miradas entrecruzadas. Diskurse interkultureller Erfahrung und deren literarische Inszenierung*. Vervuert Verlag. Frankfurt am Main, 2002.

LEONHARDT, Ulrike: *Mord ist ihr Beruf. Eine Geschichte des Kriminalromans*. C.H. Beck Verlag. München, 1990.

LÖW, Martina: *Einführung in die Stadt- und Raumsoziologie*. Verlag Barbara Budrich. Opladen & Bloomfield Hills, 2007.

MARSCH, Edgar: *Die Kriminalerzählung. Theorie, Geschichte, Analyse*. 2., durchgesehene und erweiterte Auflage. Winkler Verlag. München, 1983.

NÜNNING, Ansgar: Formen und Funktionen literarischer Raumdarstellung: Grundlagen, Ansätze, narratologische Kategorien und neue Perspektiven. In: Hallet, Wolfgang & Neumann, Birgit: *Raum und Bewegung in der Literatur*. Die Literaturwissenschaften und der Spatial Turn. Transcript Verlag. Bielefeld 2009.

NUSSER, Peter: *Der Kriminalroman*. 2., überarbeitete und erweiterte Auflage. Verlag J. B. Metzler. Stuttgart/ Weimar, 1992.

RICHTER, Steffen: Verbrechen kartieren. Raummodelle des Kriminalromans. In: Hanenberg, Peter et al.: *Kulturbau. Aufräumen, Ausräumen, Einräumen*. Peter Lang Verlag. Frankfurt/M. u. a., 2010.

RUPP, Jan: Erinnerungsräume in der Erzählliteratur. In: Hallet, Wolfgang & Neumann, Birgit: *Raum und Bewegung in der Literatur*. Die Literaturwissenschaften und der Spatial Turn. Transcript Verlag. Bielefeld 2009.

SASSE, Sylvia: Literaturwissenschaft. In: Stephan Günzel: *Raumwissenschaften*. 1.Auflage. Suhrkamp Verlag. Frankfurt, 2009.

STAVANS, Ilán: *Antiheroes. Mexico and Its Detective Novel*. Translated from the Spanish by Jesse H. Lytle and Jennifer A. Mattson. Associated University Presses. Cranbury, 1997.

STERR, Albert: *Zynismus und double-speak; Interview mit Paco Ignacio Taibo II über das Pulverfaß Mexiko*. In: Lateinamerika Nachrichten 264/265. Berlin, 1996.

SUERBAUM, Ulrich: *Krimi. Eine Analyse der Gattung*. Reclam. Stuttgart, 1984.

VOGT, Jochen: *Der Kriminalroman I. Zur Theorie und Geschichte einer Gattung*. Wilhelm Fink Verlag. München, 1971.

VOGT, Jochen: Krimi – international. In: Bogdal, Klaus Michael et al.: *Der Deutschunterricht*. Heft 2. Jahrgang 59/2007. Friedrich Verlag, 2007.

WEIGEL, Sigrid: Zum „topographical turn". Kartographie, Topographie und Raumkonzepte in den Kulturwissenschaften. In: Engel, Manfred / Dieterle, Bernard / Ritzer, Monika: *KulturPoetik. Zeitschrift für kulturgeschichtliche Literaturwissenschaft*, 2. Vandenhoeck & Ruprecht. Göttingen, 2002.

WIGBERS, Melanie: *Krimi-Orte im Wandel. Gestaltung und Funktionen der Handlungsschauplätze in Kriminalerzählungen von der Romantik bis in die Gegenwart*. Königshausen & Neumann. Würzburg, 2006.

WÖRTCHE, Thomas: Global Crime – Krimi global. In: Bogdal, Klaus Michael et al.: *Der Deutschunterricht*. Heft 2. Jahrgang 59/2007. Friedrich Verlag, 2007.

Internetquellen

http://bazonline.ch/ausland/europa/Flug-AF-447-Die-Wahrheitssuche-wird-zum-Krimi/story/16029284 (Stand: 28.08.2011)

http://biztravel.fvw.de/files/smimagedata/5/4/7/7/8/7/pic7.jpg (Stand: 28.08.2011)

http://maps.google.de/ (Stand: 28.08.2011)

http://sanooaung.wordpress.com/2009/01/18/world-map-of-the-corruption-perceptions-index-by-transparency-international/ (Stand: 28.08.2011)

http://www.alligatorpapiere.de/leinen-Tatort-Mexiko.html (Stand: 28.08.2011)

http://www.baltische-rundschau.eu/2010/08/08/happy-end-fur-wladimir-klitschkos-boxkrimi/ (Stand: 28.08.2011)

http://www.crimeculture.com/21stC/interviews2010/zeltserman-smith.html (Stand: 28.08.2011)

http://www.duden.de/rechtschreibung/Detektiv (Stand: 28.08.2011)

http://www.ee-news.ch/de/article/21395/berner-akw-abstimmungs-krimi-wie-ist-das-nur-moeglich (Stand: 28.08.2011)

http://www.express.de/news/promi-show/er-muss-erstmal-in-u-haft-bleiben/-/2186/3579978/-/index.html (Stand: 28.08.2011)

http://www.krimi-couch.de/krimis/nii-parkes.html (Stand: 28.08.2011)

http://www.krimi-couch.de/krimis/petros-markaris.html (Stand: 28.08.2011)

http://www.philtrat.de/articles/962/ (Stand: 28.08.2011)

(Zeitung der Studierendenschaft der Philosophischen Fakultät der Universität Köln)

http://www.quetzal-leipzig.de/printausgaben/ausgabe-22-1968/lateinamerika-1968-ein-schaltjahr-fur-guerilleros-reformisten-und-diktatoren-19093.html (Stand: 28.08.2011)

http://www.rogersmithbooks.com/page8.html (Stand: 28.08.2011)

http://www.rp-online.de/sport/fussball/dfb-pokal/Torwart-Heimeroth-ist-der-Held_aid_923741.html (Stand: 28.08.2011)

http://www.suedafrika.net/verschieden/suedafrika_sicherheit.html (Stand: 28.08.2011)

http://www.zeit.de/online/2009/31/hre-banken-finanzindustrie (Stand: 28.08.2011)